JN438021

# 봄 바람에 띄우는 편지

김복례 수필집

# 봄 바람에 띄우는 편지

김복례 수필집



문학공원

<수필집을 내며>

# 민들레 군락을 이루어 서로에게 향기와 웃음 주며

자해 김 복 례

부족한 글을 부끄러운 줄도 모르고 또 세상에 내놓습니다. 요즘 저의 삶에 있어 행복한 시간이 있다면 글을 쓰고 정리하는 시간이기 때문입니다.

지난날의 한국살이를 되돌아보고 이민살이를 되돌아보며 가끔 눈물을 흘릴 때도 있지만 산다는 것은 이런 것이 아닐까 생각해봅니다. 이제 나이도 먹을만치 먹었고 크게 부러울 것도 크게 걱정될 것도 없는 인생의 시점에 와 있는 느낌입니다. 다만 챙겨드리지 못하고 떠나신 부모님에 대한 회한과 남편에 대한 연민, 그리고 자식과 이웃, 저와 함께 살아온 모든 이들에 대한 애틋함이 가슴에 응어리져 있습니다.

보우강, 그랜모아 호수에 나가보니 또 봄이 오고 있습니다.

수도 없이 봄을 보냈고 맞이하였습니다. 새로울 것도 없는 인생이지만 봄꽃 봄풀을 보면 아직도 소녀처럼 가슴이 설렙니다.

민들레꽃 한 송이를 가만히 들여다봅니다. 저에게도 저렇게 화사한 날이 있었습니다. 부모님의 땅, 조국 한국에서 태어나 늦은 나이에 이민 와서 민들레처럼 뿌리를 내리고 살고 있습니다. 그렇지만 그렇게 외롭지 않습니다. 우리 한인들은 이국땅이지만 민들레군락을 이루어 서로에게 향기와 웃음을 주며 살고 있기 때문입니다.

늘 기도해주시는 이진종 목사님, 그리고 격려를 아끼지 않으시는 이유식 선생님, 오혜정 회장님께 감사의 인사를 드립니다. 그리고 이 책을 내주시기 위해 애써주신 도시출판 문학공원의 김순진 사장님께 진심으로 감사의 인사를 전합니다.

존경하는 남편과 아이들, 저를 아는 모든 이들에게도 감사의 인사를 올립니다. 그리고 무엇보다도 우리의 모든 것을 주관하시는 하나님께 모든 영광을 돌립니다. 고맙습니다.

2013년 4월

<서문>

# 궁금증을 자아내게 하고, 설레게 해

## 김 순 진(문학평론가)

자해 김복례 선생님께서 두 번째 수필집을 내신다. 2009년 9월 1일에 내시고 만 3년 반 만이다. 연만하신 연세에 끊임없이 창작하시는 모습이 정말 존경스럽다.

사람에게는 여러 번의 봄이 있다. 스무 살 꽃다운 나이의 봄도 있겠지만 아이들이 한참 품안에서 자랄 때 여자는 비로소 봄을 맞는다고 해도 과언이 아니다. 많은 사람들은 그 후를 가을로 치닫는다고 생각한다. 그런데 그게 아니다. 봄 여름 가을 겨울이 쉼 없이 순환하는 것처럼 지금 자해 선생님은 인생의 새로운 봄을 맞이하고 계시다. 영혼의 봄 말이다.

자해 선생님의 글에 있어 문학적 토양은 비옥하다. 그 토양에서 길러지고 수확되는 것들은 모두 아름다우며 궁휼하다. 그러니 선생님의 영혼의 봄바람은 얼마나 따사로운가?

그는 고향과 전통 그리고 이웃사랑을 통한 사람다운 맛을 강조한다. 바꿔 말해 인간미 넘치는 글을 쓰고 계신 것이다.

자해 선생님은 소녀시절부터 꿈 많은 문학소녀였다. 그리고 이제 그 꿈을 이루었다. 수필을 통해 세상과 더욱 친숙해지고 당당해지셨다.

문학을 하려면 여러 가지 준비해야할 일이 있다. 문장의 매끄러움과 소재의 선택이 그것에 속한다. 그런데 아무리 문장이 매끄럽고 소재를 잘 택하였다고 할지라도 마음이 따라가지 않고서는 좋은 글을 써내기가 어렵다. 일단 소재가 마음에 들어오면 마음속에 완전히 녹아들며 침잠하여 마음 깊은 곳에서 우러나는 울림을 배합하고 순수하고 맑은 여과지에 여과되어야 한다. 말하자면 문장이나 소재보다는 마음이 우선되어야 한다는 말이다. 그런데 자해 선생님의 수필은 문장이 매끄럽다. 소재를 바라보는 눈이 긍휼하고 사랑스럽다. 따스하고 아름다운 마음이 녹아 있어서 읽는 사람으로 하여금 감동을 준다. 문학의 가장 큰 목적은 자아발견에 있다. 자아를 발견함이란 문제에 대한 반성과 방법론을 요구한다. 게다가 21세기 한국사회에서의 문제점을 제기하고 반성하며 방법론을 모색하고 있다는 점에서 요즘 꼭 짚고 넘어가야할 소재들을 선택한다. 우리에게 큰 울림을 준다. 차근차근 펼쳐나가는 무리 없는 전개와 튀지 않고도 충분히 자신의 주장을 설득력 있게 써낸다.

자해 선생님의 문학, 그 숲으로 깊숙이 들어가 가만히 숲을 들여다본다. 그가 바라본 인생의 숲, 인연의 숲, 그리고 고통의 숲은 서서히 반짝이며 빛을 산란하고 있다. 자연은 아침이 되면 깨어나지만 인간은 깨달음이 있어야만 깨어날 수 있다. 아무리 좌선하며 참선하여도, 득음하려고 목소리가 찢어지게 노래를 불러도, 손맛을 내고져 노력하여도 깨달음을 얻지 못하면 최고가 될 수 없다. 그런데 자해 선생님은 그 깨달음의 경지에 서있는 느낌이다.

글은 나를 드러내는 작업이다. 그러니 스스로를 인정하며 아무도 시기하지 않는 숲처럼 글로써 인간으로 왔다가 가는 의미를 통찰하고 글로써 인간을 해하지 말며 글이나 좀 쓴다고 교만하지 말아야 하며 글이 안 써진다고 스스로를 구속하지 말아야 한다. 이제 자해 선생님에 있어 영혼의 숲은 우거지고 물소리 곳곳에서 들리며 꾀꼬리가 날고 있다. 많은 독자들이 그 영혼의 숲에 들어가 휴식하며 충전할 수 있게 한다.

"글을 쓰는데 있어서 어떤 것이 가장 중요합니까?"라고 원로작가님들께 가끔 질문을 하면 대부분의 원로작가님들은 "자신이 가장 잘 쓸 수 있는 글을 써야한다."고 이구동성으로 말한다. 가장 잘 쓸 수 있는 글이란 무엇일까? 내가 직접 경험하고 느낀 것을 쓴 글이다. 사람들은 어떤 경험을 가장 많이 기억하고 있을까? 그것은 고향과 가족, 우리 전통에 대한 경험이다. 고향이라는 것은 잊을 수도 등질 수도 없는 것이며 언제나 돌아가고 싶은 어머니 같은 곳이다. 그래서 자해 선생님은 고향과 전통, 그리고 이웃을 누구보다도 사랑한다. 고향과 전통, 이웃은 누구에게나 자산이자 동력이다. 특히 작가에게는 마르지 않는 화수분 같은 곳이다. 그의 글에는 고향과 전통이 있지만, 무엇보다도 인간미가 넘쳐흐른다. 그런 점에서 자해 선생님의 수필들은 늘 궁금증을 자아내게 하고, 설레게 한다.

## 차 례

# 1부

## 사랑하는 법을 배우면서

# 2부
# 시간의 선물

# 3부

## 봄을 맞이하면서

# 4부

## 비 내리는 창가에서

# 부록

# 1부

# 사랑하는 법을 배우면서

# 다정한 얼굴들

성장의 나이테와 더불어 친구들은 점점 변해간다. 유년시절의 동네 소꿉친구 학교 친구. 종교적 이념을 같이한 동료, 그리고 가슴을 열고 문학의 길을 같이 가는 문우들이 그렇다.

손가락으로는 세지 못할 만큼 많다. 과연 어떤 이가 나의 진정한 친구일까?

첫째, 빤짝이는 회상!

동네 친구다. 만남과는 관계없이 때때로 어린 시절의 그리움과 함께 밀물처럼 밀려오는 기억속의 친구들이다. 그들은 가족의 사랑과 더불어 청순한 영혼의 벗으로 다가왔다. 빤짝이는 회상은 아직도 동네에 남아있다. 동네에는 같은 또래의 아이들이 많았다 밤이 이슥하도록 고무줄넘기, 술래잡기 등 놀기에 열중하다보면 숙제할 일을 걱정하면서도 쉽게 헤어지질 못하고 언니들이 찾아올 때까지 놀고 있었다.

이렇게 나의 유년시절 친구들은 이제 초로의 문턱에 섰다. 미모를 잃지 않고 늘씬한 몸매에 애교가 넘치는 친구의 언니, 그리고 홍안의 소녀, 이들은 의식배면에 자리하고 있는 잊을수없는 친구이다.

아름다운 추억은!

초등학교 친구들이다. 이순 나이에 접어들었으나 십여 년의 만남은 젊음을 되돌려 놓았다. 머리칼이 듬성한 남자들 배가 나오고 기름진 얼굴에는 우정의 주름살이 하나씩 늘어났다. 대부분의 여자 친구들은 남성에 비해서 훨씬 젊어 보인다. 아름다운 추억을 만들었던 아홉 살. 열 살의 친구는 살갑기만 하다.

그중에서 어여쁜 여학생을 짝사랑한 남학생도 어김없이 참석한다. 놀림감의 대상이 되었던 소년은 성장할 때까지 그녀를 사모했으나 지금은 다른 여인의 가장이 되어 자녀들과 행복하게 살고 있다.

변심이었을까, 아니면 사랑의 눈높이가 성숙한 탓이었을까. 때로는 연령에 걸맞지 않는 연애 사건도 기적처럼 일어난다. 몰래 만나는 현장이 친구들의 눈에 발각되는 것이다. 질투의 화신은 백일하에 모든 비밀을 토해놓는다. 심심찮은 염문에 귀를 여는 것도 사는 재미의 하나다.

미모의 친구는 남성들의 마음을 설레게 하고 서로가 지적 매력을 선호하는 이들은 정겨운 데이트도 마다하지 않는다. 가지가지 나이를 역행하는 사건들은 노년을 잊게 한다. 열망과 건강이 다하는 날까지 아름다운 사랑으로 우정으로 그 향기가 우리들 마음속의 연꽃 안에 길게 남아 있을 것이다.

또 하나는!

종교적 이념을 같이하는 친구다. 교육에 참여하다 만난 이들은 자기이타적(自己利他的) 삶에 그 뿌리를 두고 있다. 성당의 행사에서 또 순례의 길에서 자기 정화의 시간을 갖는다. 일상적 행위 속에서 자신을 벗어버리고 종교적 법열을 찾아 투명하게 살아가는 친구들이다. 인간구원의 형태는 도처에 있다. 내가, 선호하는 곳은 신앙의 가르침이 살아 숨 쉬는 곳이다. 신앙의 방법을 향하는 정열은 나이에 관계없이 하나로 묶어주는 힘을 갖는다. 아름다움으로 소박하고 숭고함속에서 서로의 마음을 닦아주는 정신적 반려가 되는 친구들을 나는 무척 좋아한다. 삶을 사색할 수 있는 곳은 바로 신앙의 세계를 열어주는 이곳이 곧 그들이 존재하기에…….

그리고 우정의 신호!

문학의 길을 함께 가는 친구다. 세속적 삶에서의 순화의 길은 종교뿐 아니라 문학에서도 그 길을 찾을 수 있다. 종교의 교결한 이상만의 울타리보다 훨씬 자유로워 문학의 울타리를 택했는지도 모른다. 종교에서는 허용되지 않았던 폭 넓은 감정의 역량도 여기에서는 한없는 자유가 허용되기에 삶의 색깔은 생동감으로 넘치게 된다. 우정은 긴장된 마음을 친밀감 속에 용해시키고 경험과 애환을 리얼하게 살려서 작품을 만들어 갈 수 있게 한다. 때로는 능력의 한계를 느끼지만 지성의 빛으로 다가서는 우정의 신호는 문학적 발돋움의 힘으로 작용한다. 여기에서 우리는 윤리나 도덕의 한계선을 넘어 적나라한 대화로 숨통이 트이는 시공간을 향유한다.

문학을 사랑한다는 동질성에서 오는 웃음, 친밀감은 인생을 풍요롭게 해준다. 그래서 문학이 좋고 문우가 좋은가 보다. 우정은 너그럽고 자유로운 관계다. 우정은 소유와 집착의 그늘이 되지 않는 느슨한 미음의 훈기로 길게 연대한다. 소중한 우정은 인생을 아름답게 또 정신적 풍요 속에 살 수 있는 밑거름이 된다. 조화와 질서를 존중하는 평등한 친구의 관계를 의미한 것이리라.

때로는 어린아이로, 고결한 수행자로, 그리고 청순한 작가의 모습으로 다가오는 친구들은 정답고 다채롭게 삶의 영역을 변화시키고 장식해준다. 친구를 보면 그 사람을 알 수 있다고 하듯이 다정한 얼굴들, 그들은 모두 또 하나의 나 자신이기도하다.

# 사랑하는 법을 배우면서

해가 바뀔 때마다 누구나 똑같은 마음이라면 거둔 것이 아무것도 없다는 생각과 아쉬움과 허전함을 경험해보지 않은 사람이 어찌 그 마음을 헤아릴 수 있을까,

쓰다버린 원고지 한 장에도 아쉬움은 남고, 마음에 드는 립스틱이라도 생기면 마지막 뚜껑 끝에 남은 것까지도 손가락으로 후벼 파기까지 끝을 내고도 섭섭해 하는 버릇……. 지칠 줄 모르게 변하는 문명의 소용돌이 속에서 조리법이 바뀌고 서양요리가 부엌을 찾아들어 영양분 파괴며 시간 절약을 이유로, 주부들에게 사랑받는 압력밥솥 한번 써보지도 못한 내 어머니

세대들…….

나는 어머니로부터 배워온 손맛 때문에 내 방식대로 고집하면서 딸과 며느리들에게 우울하게 부담주지는 않았는지 아무리 시대가 바뀌고 요리문화가 부엌마다 들어차 있어도 내 어머니에게 배운 이것만은 고집하고 싶다. 곰국은 압력솥에 끓이면 제 맛이 안 나고 오래오래 끓이면서 뼛속의 진액이 우러나야 구수하고 진한 곰국을 맛볼 수 있단다.

잡곡밥을 할 때면 찹쌀과 검은 서리태 콩을 듬뿍 넣고 은근한 불에 뜸을 푹 들이면 누릇한 누룽지도 구수하고 밥이 제 맛이 나지! 그러나 요즘 젊은 엄마들이 바쁘다는 이유로 그렇게 긴 시간을 허비하면서 밥을 지을 사람들이 과연 몇 사람이나 될까?

나도 고도의 문명에 익숙해가는 요즘 사람들에게 옛날 방식을 말해주고 싶지만, 첨단의 물결이 분초를 다투며 세상을 흔들어 놓는다 해도 은근과 끈기가 삶을 여유롭게 한다고 믿기에 나 하나쯤이야 반짝 빛나는 유행 속에 한걸음 물러서서 살아가는 것도 과히 나쁘지 않을 것이다.

아름다운 캐나다는 나서면 어디든지 공원이며 곱게 깎아놓은 잔디밭이 여기저기에 있다. 푸른 하늘을 올려다보면 어디론가 가야할 목적지도 없으면서 훌쩍 떠나고 싶을 때가 가끔 있다. 살고 난 자리에는 언제나 회오리의 바람이 분다. 하늘은 높아지고 아침저녁 선들바람이 가을이 왔다는 것을 알린다.

길옆에 떨어진 단풍잎들을 보면 내 마음 또한 쓸쓸해진다. 잊어야 할 것은 다 잊어버리자. 무릎 시린 영혼의 방황을 끝내고 하늘을 향해 두 손을 모으자.

괴로움의 깊이만큼이나 보람된 삶의 의미도 깊어짐을 깨달으며 내가 좋아하는 '엘리제를 위하여' 피아노 협주곡을 듣는다. 하느님께서 주신 나의 분신들 기쁨 속에 사랑하고 끊임없이 사랑하는 법을 배울 것이다.

# 삶에 대한 성찰省察

어느새 성큼 3월이다. 3월이라고 하지만 아직 꽃 소식은 고사하고 18층에서 내려다보는 풍경은 거의 다 흰색이다. 행인들의 옷차림도 한겨울의 방한복 그대로이다.

한국에서 보내온 달력에는 봄꽃이 한참이고 아파트 거실 창으로 들어오는 햇살은 언제인가 들판으로 쑥을 캐러 갔을 때 등 뒤를 따사롭게 하던 그 햇볕을 닮아있다. 눈에 보이는 풍경은 아직도 겨울이지만 60여 년을 살다 온 고향의 습관대로 3월이라는 달력 앞에서 마음은 이미 봄 앞에 서있다.

봄은 희망이다. 그래서 봄이 기다려지고 집안에 있기보다 무엇인가 좋은 일이 기다릴 것 같은 예감으로 밖으로 나갈 궁리를 하는지도 모른다. 올해는 눈도 많이 내렸고 겨울이 너무 길어서 얼어붙은 마음이 2월 달력을 넘겨 3월의 달력을 걸면서 눈 녹듯이 풀리는 기분이다. 앞으로 살아갈 날이 살아온 날보다 훨씬 적다는 것을 안다. 그렇다고 그것이 슬프다거나 서글프지는 않다.

영국의 문호 셰익스피어는 인생을 연극에 비유했다.

"인생은 무대요, 우리는 배우다. 세상이라는 무대에서 웃기도 하고 울기도 하며 때로는 고통에 몸부림치며 아파하기도 하고 즐거워하기도 하는 것이 인생이다."

우리 모두는 본인의 꿈을 이루려고 노력하다가 세상을 떠난다. 이루지 못하는 사람도 있지만 도전정신으로 꿈을 이루어 내는 사람도 얼마든지 있다. 그렇다면 '나의 꿈은 무엇이며 그 꿈을 이루기 위하여 얼마나 노력을 했을까?' 스스로에게 물어본다. 나는 거창한 꿈을 갖지 못했다. 전문분야에서 뭔가 이뤄내어 사회에 이바지 못하였고 나에게 주어진 특별한 재능을 발견하지 못한 채 살아왔다.

그러나 지금부터라도 나는 내 일상을 기록하고 글로 남기고 싶어 한다. 잘 쓴 수필 한 편도 가지지 못하였지만, 꾸미지 않고 진솔한 글로써 한 사람의 독자라도 내 글을 보면 위로가 되고 위안이 된다면 이 푸른 지구별의 소풍 길도 의미가 있으리라 생각한다.

타인의 글을 읽는 것도 게으르지 않을 것이다. 남이 쓴 글을 보는 것은 자신의 내면을 비춰보는 '거울보기'와 같고 글은 자신의 체험을 재료로 삼아 빚어내는 그릇이라고 한다면 부지런히 책도 읽고 글을 쓰는 것에 열심히 하고자 하나 그것 또한 건강이 허락되어야 하기에 쉽지 않은 요즘이다.

물기 빠진 낙엽들이 스산하게 뒹구는 가을날, 오솔길을 걷다 만난 벤치에 앉아 촉촉하게 가슴 적셔줄 한 편의 좋은 글을 읽고 싶다. 꽃불처럼 타는 노을을 보며 저 멀리서 들려오는 파도 소리도 듣고 싶다. 산그늘 짙어가는 들녘에 핀 들국화도 보고 싶다. 이렇게 자연이 내게 보여주고 들려주는 소리를 마음의 눈과 귀로 보고 들어야 좋은 글이 쓰여지는데 세상살이에 얽매여 바쁜 일도 없으면서 바쁜 척 하고 살아왔다.

이런 생각을 떠올리는 것만으로도 마음이 설렌다. 봄비에 풀잎 몸을 여는 소리 솔밭에서 불어오는 솔바람소리, 산사에 가을 햇살 부서지는 소리, 눈을 감고 겨울밤 문풍지 떠는 소리를 마음의 귀로 듣는다면 그것은 노래가 될 것이다.

한번 살고 가는 인생인데 70이 훌쩍 넘긴 나이지만, 오늘 지금이 내 인생의 첫날이라 생각하고 가슴 깊은 곳으로부터 나오는 자신의 욕구와 열정에 충실해야겠다는 생각이 든다. 무엇인가 되려고 하지 말고 본인 스스로가 가장하고 싶은 일을 해야 될 것이다. 남들이 아무리 좋게 봐주고 부러워하더라도 자신이 그렇지 못하면 무슨 의미가 있을 것인가!

행복은 저 산 너머에 있는 것이 아니라 내 자신 안에 있으므로 남이 뭐라고 하든지 자신의 내면에 있는 뜨거운 느낌과 감동의 의미를 찾을 수 있다면 참다운 인생을 사는 것이지 않을까 생각해본다.

# 멈출 수 없는 세월

간간히 불어오는 바람결에 봄냄새가 난다. 이렇게 소리 없이 다가온 계절에 창가에 시시 하늘을 바라보노라면 '세월이 유수 같다'는 말이 실감난다.

세월의 오묘함! 상처의 아픔이 있거나 한없이 힘든 삶을 이어가는 사람들에게는 지루한 세월이 빨리 지나가기를 바랄 것이고 기쁨을 누리는 사람들은 세월을 붙잡아두고 영원하기를 기대하는 것이 인지상정이겠지. 나에게 세월은 어떤 의미로 다가오는 걸까. 항상 후회 없이 살아야 한다는 신념으로 살아왔지만 빠르게 지나가는 세월을 붙잡고 싶다.

얼마 전 텔레비전을 보니 어느새 남쪽으로부터 봄꽃 소식이 전해지고 있다. 문득 옛날생각이 한편의 영화처럼 스쳐간다. 만발한 꽃을 보고 환희에 젖던 마음도 잠시 이른 봄꽃들은 어느새 연초록 잎들에게 자리를 내주고 소리 없이 물러나고 있던 그때, 나는 봄꽃을 찾아서 많이도 돌아다녔다. 남녘에서 꽃소식이 오면 유명한 관광지를 찾던 그때가 먼 옛날이야기가 아니라 엊그제 이야기인 것만 같다.

돌아다니지 않아도 계절은 오고가는데 서둘러 봄을 맞이하고 싶은 것은 젊었다는 증거일까! 우리는 세월이 빠르다고 투정하면서도 가끔 다음 계절을 맞이하고 싶어하는 이중성을 보일 때가 있다. 봄은 만물을 소생시킨다. 그 소생의 기쁨과는 달리 가는 세월을 탓하는 것은 흐르는 시간을 멈추게 할 수 없기 때문이다.

나는 세월이 흐른다는 것을 가장 가깝게 볼 수 있는 것은 해마다 심어놓은 베란다 작은 텃밭에는 여름 내내 풍성한 식탁을 만들어주던 싱싱한 야채들이 계절 따라 힘없이 축 늘어진 것을 보니 어디에서도 싱그러웠던 한 때를 찾아볼 수 없다. 하긴 싱

그리웠던 꽃과 야채들이 영원하다면 애착을 둘리 만무하고 유한한 인생이기에 잠시 피었다가 지는 꽃처럼 못 다한 여운이 남는다. 내 방에는 젊은 날에 찍어놓은 사진들이 몇 장 걸려있다. 많은 사진 가운데서도 유독 아끼는 사진이 있다. 그 사진만을 아끼는 것은 실물보다 좀 나아보이고 예전에 내가 그 속에 들어있기 때문이다.

이따금 이사진을 보며 나도 한때는 이런 모습이 있었던가 생각하며 흐르는 세월을 원망하기도 한다. 내 젊은 날엔 총기 가득한 눈빛은 어디론가 사라지고 사람들이 몰라보게 변해있는 내 모습에 세월을 탓하기도 하고 거울을 들여다보며 지난 세월의 아쉬움을 사진 한 장으로 대신하려는 내 심사가 서글퍼진다.

지난날 어느 순간에 담아놓은 내 모습 나는 그 시간의 멈춘 속에 빨려들 때가 한 두 번이 아니다. 언제 어디서 또다시 그와 같이 청초한 듯 보이는 내 모습을 다시 만날 수 있단 말인가! 어떤 방법으로도 돌이킬 수 없는 세월 앞에 나는 가끔 사진을 붙들고 울고 싶도록 허무와 절망감이 들 때가 있다.

내가 이 세상을 마감하는 날 자식들이 내 영정 앞에 젊은 날 찍은 사진을 놓았으면 한다. 가끔 잘 아는 사람들이 세상을 떠났다고 하면 문상을 가게 되는데 어떤 사람들은 실물보다 더 젊은 사진을 놓은 사람도 있고 또 어떤 사람은 너무 늙어 알아보지 못할 사진을 놓는 경우를 본다.

그래서 나는 늙어 추한 모습의 내가 아니라, 젊고 예쁜 모습으로 살다간 한 여인의 모습을 생각나게 하고 싶은 욕심이다. 오르지 사진만이 그때의 시간을 멈추게 한 사실 앞에 우리는 곧 잘 울기도 하고 웃기도 한다. 그래서 내일보다는 오늘의 순간을 잡아두려고 여행을 가면 사진을 찍고 또 찍는다. 젊다는 것은 무엇과도 바꿀 수 없는 보배다.

그런데 그 귀함을 생각할 겨를도 없이 내 한창 시절은 가버렸다. 삶이 몹시 힘들면 몇 년을 접어버리고 싶을 때도 있었다. 눈가의 잔주름을 발견하고 희끗한 머리칼을 발견했을 때 어느 날 나는 사실을 부정하듯 얼마나 서글펐던가. 팩으로 화장으로 마치 옷에 묻은 얼룩을 지우듯 문지르고 다독거렸다.

하지만 한번 생겨난 연륜의 흔적이 없어질리 만무하다. 거울에 비춰진 내 모습에 실망하고 옛날에 찍은 사진들이 해마다 다르게 보일 때 내 젊은 세월 저편으로 사라졌음을 인정한다. 그러면서 어느새 지난날의 회상 속으로 되돌아간다.

지난날 누구보다 기억력이 총명하다고 생각했는데 그 기억력도 이젠 세월에 밀려 끝도 시작도 없다. 보이지도 않는 시간의 힘은 도대체 무엇일까? 어느새 계절이 일상의 모든 것을 또 한 차례 바꿔어놓는다. 나는 지나간 많은 날들을 아쉬워하면서도 공평하게 주어진 계절이 바뀜에 따라 그때그때 위안을 받고 살고 있다.

# 삶이란

12월의 마지막 달력을 보면서 지난 한 해를 돌아보게 된다. 사람들은 누구나 할 것 없이 한해를 마무리하는 마음들은 회한에 잠기게 될 것이다.

수많은 사람들의 그림자가 영화 필름처럼 돌아간다. 지나간 한 해 동안 많은 사람들이 생을 마감하고 어둠 속으로 돌아섰다. 그 뒤돌아선 사람들의 뒷모습은 우리들에게 얼마나 오래 기억될 것이며 우리의 삶 또한 얼마나 많은 사람들의 기억 속에 남을 수 있겠는가.

겨울이 가면 봄이 오고, 가을이 가면 또 다시 겨울이 온다.

세월은 계절 속에 흐르고, 우리는 세월 속에 흘러간다. 해가 지면 어둠이 온다. 우리의 삶은 세월의 포로가 된다. 그래서 끝내 세월의 비장함을 탄식하게 되는 우리들의 삶. 저 혼자 잘났다고 자랑하고 저 혼자 못났다며 탄식하고 울다가 웃어버리듯. 인생은 잔인한 농담이라며 그렇게 살아가는 우리들의 삶…….

많은 약속이 있고, 약속을 어긴 사람들의 뻔뻔한 웃음이 있고, 배반당한 사람들의 슬픈 표정 위에서 오늘은 사랑하고 내일은 미워하고 또 미워하는 우리들의 삶이다. 우리는 그 수많은 삶의 존재들과 끊임없이 싸워야 하고 그 싸움에서 얻어지는 지혜와 진실로써 죽음을 수락해야만 한다.

우리는 우리의 참다운 삶을 위해 눈물을 비축해야 하고, 웃음도 준비해두어야 한다. 분노할 줄 아는 용기와 용서할 수 있는 아량도 함께 가슴 속에 간직하여야 한다. 아무리 눈을 떠도 보아야 할 것은 안 보이며, 안 봐도 될 것은 보이느니. 그 꿈없는 꿈속에서, 또 꿈을 꾸는 것이 우리의 삶이라고 하더라도 우리는 꿈꾸며 살아야 한다.

사랑하면서 사랑하는 법을 배우고, 갈망하면서도 갈망하는 까닭을 알아야한다. 행복의 문은 밖에서도 열리지만 안에서도 열린다. 시간의 의미를 깨달아야 한다. 낙엽은 떨어져 뿌리로 돌아가고 꽃보다는 열매가 더 풍성하다는 진실을 음미할 줄 알아야만 한다.

인생은 만남이라고 했다.

첫째는 자기 자신인 나와 만나고

둘째로 우정과 사랑에 의해서 너와 만나고

셋째로 절대자와 만나도록 초대되어 있다고 한다.

우리의 삶은 우리 모두의 공통된 염원으로 이루어지며 내가 산다는 것은 남을 만남으로써 비롯된다. 내가 존재한다는 것은 남과 공유한다는 말과 같으며 우리 각자가 남에게 속해 있다는 말과도 같은 것이다. '인간은 누구나 나 혼자임'을 극복하려는 의지를 가지고 살아간다. 사랑은 서로의 완성을 바라는 것이다.

나는 너를 존중하고, 너를 나 자신으로 사랑해야 한다. 우리가 갖는 가장 큰 위험은 자기 자신의 가면(假免)이다. 이것은 현실과 인간 사이의 끊임없는 장애가 되며 자신을 둘러싸고 있는 세계를 비뚤어진 모습으로 보게 하거나 전혀 보지 못하게 하는 것이다. 자신의 가면을 벗어버리고 '나'를 만나고 '너'를 만나야 만이 그 대상의 참 모습을 바로 볼 수 있는 오늘의 세계를 인간성 상실의 시대라고 한다. 자신의 인격을 수양하여 '나'를 완성하고 사랑의 힘을 빌려 너를 완성시키며 주는 노고(勞苦)와 애정이 있어야만 인간의 가치를 회복하고 인간다운 삶을 누빌 수 있으리라.

산다는 것, 특히 인간답게 산다는 것은 이러한 고통의 바다를 헤쳐 나가는 투쟁이라 할진데 이투쟁의 갚음으로 인간의 충실한 삶을 맛볼 수 있을 것이다. 산다는 것은 정녕, 자신과의 투쟁이 아닐까.

# 지난 세월 뒤돌아보니

나를 아껴주던 당신이기에 과분한 은혜을 입고 있습니다. 무상하고 허망한 것에 매달리지 않고 좀 더 자유롭고 여유롭게 살았더라면 이렇게 아픈 상처를 끌어안고 눈물 흘리지 않을 것입니다. 어느 날 내게 갑자기 죽음이 찾아온다 하더라도 피하지 않고 조용히 순응하겠습니다.

다만 이 세상을 떠나간 먼 훗날에도 당신에게 나는 사랑스럽고 소중한 여인으로 남고 싶습니다. 이제 살아온 시간보다 헤어져야할 시간이 멀지 않았습니다. 생각하니 함께했던 많은 날들이 다시 그리움으로 몰려오는군요. 당신을 만나서 내 인생의 전부를 의지하며 살아왔던 시간들이 머릿속으로 빠르게 스쳐 갑니다. 가장 소중한 당신에게 너무나 많은 바람과 기대 때문에 타박과 원망을 자주했지요.

좀 더 너그럽게 이해하고 더욱더 사랑할 것을……. 이제 와서 고마움과 미안한 마음에 두서없는 후회를 적어봅니다. 그러나 당신과 함께 한 날들은 내게 소중한 순간들이였고 돌아보면 행복했던 슬픈 날들이 많았습니다. 아이들이 성장해가는 모습을 바라보며 느꼈던 흥분과 희열, 그것은 거룩한 축복이었습니다. 그 애들은 우리에게 힘이자 용기였고 삶의 등불이었지요.

때로는 잘못 살아온 순간들에 대한 후회를 뿌리며 보낸 시간도 있었습니다. 너무나 보수적인 당신으로 하여 숨이 막히는 아픔도 겪어야 했고 자의식이 너무 강한 당신 때문에 힘이 들고 유별난 남자 권위 때문에 내 삶을 감당하기 어려울 정도로 벅차게 했습니다. 그럴 때마다 당신의 작은 위로와 사랑의 격려가 필요했습니다.

아무리 작은 일이라도 상대의 이해와 격려는 일에 대한 보람과 용기를 준다고 생각합니다. 하지만 때론 당연하다고 생각하는 당신이 너무나 야속했습니다. 그러나 서로 버팀목이 되어 고난의 날들을 사랑과 다툼으로 지혜롭게 극복하며 살아왔지요. 그것은 혼자가 아니라 부부라는 이름으로 당신이 내게 힘이 되어주기 때문입니다.

나는 사랑스럽고 의지가 강한 아내이고 싶었습니다. 그러나 늘 건강하지 못함을 앞세워 언제나 나약한 엄마였고 아이들 마음속에는 언제나 우울함을 가지게 한 못난 엄마였기에 미안한 마음뿐이었지요.

넉넉히 베푸는 생활로 열심히 살아가고 싶었는데, 혼신을 다하지 못한 것은 아닌지 모든 것이 아쉬움으로 가슴을 아프게 합니다. 주어진 시간들이 이렇게 빠르게 내 곁을 달아나고 있음을 미처 깨닫지 못하고 이 자리까지 오고 말았습니다. 삶과 죽음을 마음대로 선택할 수 있는 권리가 인간에겐 없기 때문에 닥쳐올 이별이 두렵습니다. 이제 마지막 길목에서 연민의 정만

남기고 떠나려 하고 있습니다.

내 소중한 가족들과의 이별이 견디기 어려운 아픔이지만 시공을 초월한 끊임없는 정은 영원히 함께 할 것입니다. '전쟁터에서 싸워 백만 인을 이기기보다 자신을 이기는 사람이 가장 뛰어난 승리자다.'라는 말이 있습니다.

세상을 살면서 가장 어려운 것은 자신과의 싸움입니다. 자신을 아끼고 많이 베풀고, 넉넉한 마음으로 이해하고 최선을 다하는 삶으로 후회의 눈물을 흘리는 날들을 만들지 말라는 것을 사랑하는 사람들에게 부탁할 것입니다. 자식들은 바쁘다는 핑계로 하느님의 온전한 자녀로 인도하지 못하고 미루어온 것을 후회하고 있습니다. 그리고 그들의 자녀는 어려서부터 하느님 말씀 안에서 살 수 있도록 해주시면 얼마나 좋을까 생각도 해봅니다.

단지 다 큰 자식들이 그들에게는 그들의 삶이 있을 것이라 생각합니다. 너무나 성실하고 정직한 내 자식들을 나는 너무 많이 믿고 사랑합니다. 언젠가는 누가 먼저 세상을 떠날지는 모르겠지만 내가 먼저 떠난다고 생각하니 눈물이 앞을 가립니다. 오랫동안 고마웠습니다. 그리고 행복했습니다.

이제 후회의 길목에서 많은 날들을 돌아보며 서로 다시 만나는 그날은 후회 없는 해후가 되기를 바랍니다.

– 갑작스럽게 내 앞에 죽음이 닥쳐왔다고 생각하면서 뒤돌아보는 후회의 생각입니다.

# 여백이 주는 여유로움

스산한 가랑잎이 바람에 뒹군다. 창틈으로 스며드는 바람이 살갗을 스미고 마음은 민들레 홀씨처럼 마음 둘 곳 없어 흩날리는 계절이다. 분명한 것은 아직은 어디선가 살아있을 그 누구와 못 다한 이야기가 남았기 때문이지 않을까? 내 기억의 공간에는 아직도 서성이는 사람들이 있다.

슬픔과 울분이 분화구 위로 솟구쳐, 마음을 홍수지게 했던 일들. 이 모두는 높은 하늘에 줄이 끊어져 어디로 사라졌는지 모르는 방패연의 행방처럼 아득해졌다가 허공을 맴돌던 바람처럼 그리움이 빈 마음에 문을 열고 들어온다.

가을 들판 길섶의 노란 애기들국화가 수북이 피어 진한 가을 향기를 풍긴다. 이름 모를 꽃들과 작은 들국화는 시골처녀처럼 가련하다. 가을 정취에 흠뻑 빠진 우리는 차에서 내려 흐드러지게 피어있는 예쁜 소국 몇 송이를 꺾었다. 소국의 알싸한 향과 함께 가을이 듬뿍 가슴속으로 달려든다. 탐스럽고 귀부인같이 사치스러운 꽃보다 길가나 산비탈 바위 틈에 외롭게 피어있는 노란 들국화와 보랏빛 구절초의 소박함 그 아름다움이 참 좋다. 허허로운 바람에 스러지는 들풀이나 억새 사이에 피어있는 들국화는 못 다한 사랑처럼 그 모습이 애잔하다 못해 애처롭기까지 하다.

가을 끝자락에 매달린 우수를 딛고 활짝 피이나 길손을 기쁘게 맞으며 외로움을 내색하지 않고 담담히 겨울을 맞는 들국화의 생애는 장미보다 못할까? "옛날이 다시 주어진다면……."하는 가당치 않는 욕심을 부려보지만 봄은 감히 가을을 넘볼 수가 없다. 가을이 가지는 멋스러움, 인생을 관조하는 여유로움, 여백의 한가로움, 나도 구절초 같은 그런 삶이고 싶은 것을…….

나는 이맘때면 보우강 산책을 나간다. 하루가 다르게 산책로 위에는 나뭇잎이 떨어져 노랑물감을 뿌려놓았다. 가을 향기에 흠뻑 젖어 집으로 돌아가는 길에 전화벨이 울린다. 고국에서 잘 알고 지내던 지인이 이민 와서 몇 달째 병원에 입원하고 있다.

차를 돌려 병원으로 갔다. 환자를 보는 순간 나는 말을 잊었다. 가을바람에 시달리다 퇴색된 단풍잎 하나가 침대에 엎드려 있는 모습이다. 그렇게 강인하기만 할 것 같았던 사람이었는데 앞만 보고 달린 사람, 그러나 이미 병마와의 싸움에서 검불같이 힘없음을 확인하는 순간이다.

가을바람에 살아남기 위하여 스스로 나목으로 변해가는 환자를 간호하느라 지쳐있는 지인과 잠시 병원 휴게실에서 커피 한 잔씩을 마시며 흘러간 시간 속에 부부가 서로 못 다한 배려의 아쉬움을 가슴 아파하며 그래도 혼신을 다하여 마지막 소명을 놓지 않으려는 지인의 모습에서 노부부의 사랑을 읽는다.

짙게 물든 낙엽을 바라보며 삶의 마지막이 그토록 아름다울 수 있다는 사실에 놀랍다. 지치고 상처받은 사람들에게 가을은 외로움으로 시작되지만 그 마지막은 결실의 든든함으로 지친 영혼을 위로하고 편안한 휴식을 선물하는 계절이다.

초가집 툇마루에 국화꽃잎이 수놓아진 문풍지, 그 사이로 가을 달빛에 한들거리는 오동잎 그림자, 그윽하게 들리는 풀벌레 울음소리, 메주가 익는 냄새로 야릇하게 구수한 처마밑, 곡식을 거두어들이며 풍악을 울리던 사물놀이 장단, 뜰 안에 울리던 아버지의 큰 기침소리, 먼저 떠나버린 얼굴들……. 내가 기억하는 가을의 모습이다.

그리고 때로는 몰랐던 작은 행복들을 시간의 그물로 건져 올릴 것이다. 쓸쓸함과 외로움 또는 풍성한 수확과 겨울을 위한 준비의 시간, 이 만추의 시간 들녘에서 꺾어온 들국화의 향기가 내 삶의 여백을 채운다.

# 2부

## 시간의 선물

# 어느 봄날 헤레태지 궁전카페에서

아침에 일어나면 이런저런 자잘한 일을 하고 난 후, 진한 커피 한 잔에 취하는 이 행복을 무어라고 설명해야 할까? 베란다 나무상자에 심어둔 봄 야채의 모종을 바라보다 무심코 건너편 길에 있는 가로수가 연두색인가 싶더니 어느새 싱싱한 푸른 옷으로 갈아입었다.

작년 겨울은 유난히 눈이 많이 온 탓에 늘 눈 내린 하얀색에 익숙한 터라 새삼스러울 것도 없는 푸른색이 오늘따라 왜 그리 건강해 보이는 걸까? 무슨 신기한 것을 발견이라도 한 것처럼 내 눈길을 고정시키고 있었다. 그래, 봄은 누가 무어라 해도 색깔의 변신이야! 하루가 다르게 달라져가는 푸른색 일색이다. 푸른색은 희망과 건강함으로 다가온다.

생각해보면 나는 사람들을 참 좋아한다. 그래서인지 우리 집에는 항상 많은 사람들이 드나든다. 우리 집이 다운타운 교통이 편리한 곳에 위치해 있다. 그래서일까? 여러 부류의 사람들이 왔다가 커피 한 잔을 마시며 일상에 있었던 재미난 이야기들을 큰소리로 웃기도 하고, 빈 커피 잔에 사람 살아가는 모습을 가득 채워놓고 간다. 그래서 우리 집의 또 다른 이름은 헤리테지 궁전카페이다. 어느 날 함께하는 문우님들이 지어 준 이름이다.

나는 유난히 봄을 타는 편이다. 요즘은 빈집에 혼자 있을 때가 많다. 혼자 있다고 해서 낮잠을 자거나 그냥 가만히 있는 것도 아니다. 묵상을 하기도 하고 글을 쓰면서 좋은 문장이 떠오르면 그때그때 메모를 하기도 한다. 그러다 보니 요즘은 오히려 빈 집에 혼자 있는 것을 나 스스로 즐기는 편이다.

창문 틈을 비집고 들어온 봄 햇살은 자꾸 밖으로 외출을 하자고 유혹하지만 몸이 불편하여 움직임이 편안하지 않는 탓에 선뜻 외출은 못하지만 나는 조금도 가만히 앉아있지 않는다. 시간이 나면 책을 읽고 종이 위에 낙서를 하기도 한다. 요즘 들어 혼자 있는 시간이면 나이 탓인지 부쩍 '인생이 무엇인가?' 하고 자주 철학적인 생각에 잠긴다.

풀어볼 수 없는 것이 인생인데, 인생 그 존재는 무엇인가? 인생은 바로 자신이 아닐까? 허무, 무상, 잡다한 생각에 한참을 철학자라도 된 것처럼 깊은 사고에 빠진다. 살아온 지난날이 되돌아 보이던 시간에……. 자식이나 친구들에게 하고 싶은 말들을 다들 바빠서 얼굴 보며 할 수가 없기에 그래서 이민이란 어려운 여건 속에서 글을 쓰기시작 했고 내 유년시절에 꿈이었던 수필집 『설한에서 피운 꽃』을 출판하게 되었다.

힘이 들고 피곤한 시간이면 잠시 손을 놓고 음악을 듣는다. 그것도 트로트를 따라 부르기도 하고 즐겨 듣는다. 요즘 십대 아이들처럼 빠른 템포나 속사포처럼 쏘아대는 가사를 따라 부를 수는 없지만, 아직도 마음만큼은 한참 유행하는 원더걸스의 '노바디'를 부를 수 있을 것 같다. 감정이 풍부한 나는 가끔은 나도 모르게 트로트 대중가요의 노랫말에 젖어 울기도 하고 웃기도하면서 온천 관광을 떠난 남편을 기다리며 컴퓨터에 저장해 두었던 가수 나훈아의 '애정이 꽃피던 시절'을 들으며 큰 목소리로 따라 부르고 있다.

"첫사랑 만나던 그날 얼굴을 붉히면서
철없이 매달리며 춤추던 사랑의 시절
활짝 핀 백합처럼 우리사랑 꽃필 때
아……, 떠나버린 첫사랑 생각납니다."

# 봄바람에 띄우는 편지

오랜만에 한국우표가 붙은 편지를 받았다. 너무 오랫동안 잊고 있던 친구의 편지였다. 외출에서 돌아오는 남편이 건네준 편지를 받아 들고 한참 동안 망설였다. 무슨 사연이 적혀 있을까? 9년 동안 소식이 끊어졌던 친구의 편지를 받아 들고 추억에 잠긴다. 어느 날 호주로 이민을 간다는 편지 한 장 띄우고는 친구는 그 이후 소식이 없었다. 그 후 나도 캐나다로 이민을 온 후라 그 친구와는 영이별인 줄만 알았는데……. 친구의 편지는 아직도 내가 이 푸른 지구별에 존재하고 있음에 대한 희망을 놓지 않았다는 소중한 의미로 다가온다.

이민 초기에 갑자기 생활이 바뀐 나는 고국에서 날아오는 친지나 친구의 편지가 유일하게 바깥소식을 접할 수 있는 창구였고 또한 나를 잊지 않고 있는 그들로부터 받게 되는 위로였다. 이틀에 한 번씩 우편함을 열어보면 내가 보낸 작은 엽서의 짧은 사연의 안부에도 감동으로 다가왔다는 답장에 한동안 편지쓰기에 열중하기도 하였다. 하지만 고향의 바쁜 일상에서 답장을 해주는 사람은 흔치 않았다. 모두가 바쁘다고 핑계로 답장을 한다는 것에 부담을 가지는지 낯설어하는 것 같았다. 나는 편지를 보내면 그래도 받아주는 이가 있다는 사실이 소중하기에 답장을 보내주지 않아도 편지를 띄움에 인색하지 않았다.

그렇게 해서라도 내게 베풀어주었던 고마움과 나와의 인연에 대한 감사의 마음을 대신하기에 충분하였다. 그런데 언제부터인가 나 역시 편지를 쓰지 않는 사람 중에 하나가 되었다. 건강문제로 우체국 가기가 불편하다는 이유로 그 소중함을 잃어가고 있었다. 지난 연말에는 아쉽게도 한 장의 카드나 연하장을 보내지 않았다. 대신 전자우편으로 카드를 대신했다. 마우스로 클릭 한 번이면 원하는 그림이나 원하는 음악까지 곁들어져 배달되는 세상이기에……. 메일주소 마저 없는 사람들에게는 전화로 안부를 전했다. 몇 년 전만해도 자필로 쓴 글이 아니면, 참으로 성의가 없다고 생각했는데 고도의 문화와 문명이 발달된 요즘에는 나의 마음도 세월에 따라 변해 가는지 아무 걸림 없이 무던히 받아들이고 있다.

이제는 옛날이라고 해야 하나! 이제는 누구에게 편지를 쓰면 정갈하게 펼쳐놓은 하얀 종이 위에 더러는 몇 번씩 고쳐 적어가면서 사연을 담고 받는 이의 모습을 그리면서 우체통으로 향할 때의 기쁨도, 오지 않는 편지를 애타게 기다리던 안타까움도 외출에서 돌아오는 남편 손에 정다운 이의 편지를 받았을 때의 가슴 설레는 행복감도 기대조차 할 수 없는 시절이 되고 말았다. 나는 소중하게 보관하고 있는 편지함에는 밤을 새워가며 편지를 보내고 받았던 친구와의 추억이 기록된 편지도 있지만 그 중에서 그저 안부를 물어온 빛바랜 카드 한 장이 곱게 보관되어 있다.

지금은 이름도 잘 생각이 안 나지만 그날 사연을 접하면서 설렜던 감정 홍조를 띤 볼의 따스함은 지금도 고스란히 그 카드를 바라보면 기억이 되살아난다. 지금이라도 '잘 있노라' 답장을 하면 무어라고 할까? 젊었던 그 시절 결코 드러낼 수 없는 속 깊은 곳에 있는 애틋한 사연을 지금이라도 뭉게구름 흘러가는 저 파란 하늘에 적어 살랑이는 봄바람에 띄워 보내볼까?

따르릉……. 심하게 전화벨 소리가 울린다.

"말지나, 성당 몇 시에 갈 거야?"

수화기 건너편에서 소리를 꽥 지른다. 후후후…….

# 보우강을 산책하면서

봄이 오면 우리 집에서 가장 가까운 보우강변 산책길을 나간다. 깨끗이 정돈된 넓은 잔디밭에는 곱게 핀 민들레꽃과 이름 모를 들꽃들의 향연이 곱게 춤을 춘다. 유유히 흐르는 보우강 강물은 에메랄드빛을 내며 출렁인다. 아름다운 가을이면 각종 낙엽들이 온 동네를 뒤덮어 아스라한 감상으로 눈시울이 붉어지는 곳이다. 산책에서 돌아오는 내 손에는 계절마다 피어나는 예쁜 꽃들과 노랗게 물들어 떨어진 단풍잎들을 모아 예쁘게 거실을 장식해본다.

긴 겨울이 차츰 감추고 이곳 캘거리에도 봄이 완연하다. 늘 하는 산책길이지만 작년 6월에 산책 나갔다가 물위에서 한가로이 놀고 있던 오리들의 이름을 몰라 숙제를 남기고 돌아왔지만 이번엔 꼭 알아야겠다는 생각으로 보우긴 산책로에 나가보았다. 작년보다 날씨가 많이 풀렸는지 꽁꽁 얼었던 강물이 어느새 다 녹아 있다. 강물 따라 한 참을 가는데도 오리 떼들이 보이지 않았다. 나는 궁금한 마음에 전동 휠체어에 속도를 높였다. 얼마쯤 내려가다 보니 작년에 보던 오리 떼들이 먹이를 찾느라고 자맥질을 하고 있었다.

나는 가까이 다가가서 먹다 남은 빵을 오리 앞으로 던져주었다. 오리들은 우르르 몰려와서 서로 머리를 부딪치고 입에 물은 빵 조각을 빼앗기지 않으려고 도망 다니고 때로는 부리로 동료 오리들을 쪼기도 하였다. 나는 팔에 힘을 주어 한참동안이나 빵을 오리 가까이 던져주었다.

먹이를 차지하기 위하여 달려드는 모습이 마치 사람들이 살아가는 모습과 같다. 인간도 먹이를 얻기 위해서 새벽부터 이리저리 뛰어다닌다. 조금 더 많이 벌기 위해 남과 머리도 부딪치고, 때로 남을 밟고, 나아가서는 생명을 빼앗기까지 한다. 유독 어느 오리 한 마리에게 눈길이 갔다. 모든 오리들은 빵을 얻기 위해 노력하는데 그 오리만은 멀찌감치 물에 떠 있기만 했다. 일부러 빵을 그 쪽으로만 던지는데도 제 코앞에 떨어진 빵을 다른 오리들에게 빼앗기고 있다. 안 되겠다 싶어 빵을 완전히 반대 방향으로 던져 딴 오리들을 이동시켜놓고 그 오리 쪽으로 다시 빵을 던져보았다. 그러나 그 오리는 꿈쩍도 하지 않았다. 그 틈을 타서 다른 오리들이 재빨리 달려와서 빵을 빼앗아 물고 갔다.

나는 그때서야 생각이 났다. 저 오리가 병이 났다던 그 오리인가? 아니면 짝을 잃은 슬픔 때문이 아닌가? 안타가운 생각에 조금 남은 빵에다 남은 밥을 꾹꾹 뭉쳐서 움직이지 못하는 그 오리 앞으로 던졌다.

아 이게 웬일……. 드디어 오리가 부리를 내밀고 던진 빵을 물었다. 그제야 나도 마음이 놓였다. 집으로 돌아오면서 옆에서 같이 걸어오는 남편에게 물었다. '저 오리가 왜 빵을 먹지 않았는지' 물어보았다. 대답은 '짝을 잃은 슬픔 때문'이라고 했다. 과연 그럴까? 빵을 받아먹지 못하는 것은 혹여 나와 같이 다리가 아프다든지 몸이 아파서 빨리 움직이지 못해 그런 것이 아닐까? 지난날 나에게도 생명에 끈을 포기하고 싶었던 때가 있었다. 두어 시간 산책하다 보면 몹시 힘든 장애를 가진 사람들이 운동을 하고 있다.

그들의 모습을 보면 마음이 너무 아프다. 생각해보면 중증의 장애를 가진 사람에게는 어떤 위로의 말이나 함께 차 한 잔 하자는 말이 전혀 도움이 되지 않는다는 것을 나는 알고 있다. 그저 말없이 가까이서 지켜보며 따뜻한 침묵으로 사랑으로 격려해주는 사람들이 고마울 뿐이다.

아픈 오리를 뒤로 남기고 몇 시간의 산책을 마치고 집으로 오는 길에 혹시 하고 강기슭으로 돌아보니 조금 전 던져준 빵을 먹지도 못하던 오리 부부가 앞서거니 뒤서거니 따뜻한 햇볕을 찾아 언덕을 오르고 있는데, 오리 한 마리가 다리를 절며 가고 있다. 지금의 나처럼 말이다 내 짐작이 맞았던 것이다.

사람이나 동물이나 몸에 병이 나면 모두가 귀찮고 먹는 것조차도 싫은 것을……. 이번 나들이에서는 작년에 오리 이름을 몰라 그냥 '오리야!'하고 불렀던 것을 '구스야!'하고 불러주었더니 한결 더 가벼운 몸짓으로 다가왔다.

# 긴 외출에서 돌아와

65일간의 병상 생활, 긴 외출에서 돌아와 현관문을 열고 들어서니 익숙한 우리 집 냄새가 반가움으로 와락 안겨온다. 집 나가면 고생이라더니 역시 좁고 보잘 것 없어도 내 집이 최고인 것 같다. 항상 알고 있으면서도 조금 더 넓고 좋은 집이 아닌 것에 불편해하였던 것이 조금 미안한 마음이 든다.

가을도 무르익어가던 지난 시월 초순, 화장실에서 그만 미끄러지면서 다리를 다쳐서 두어 달 넘게 병원에 입원을 하게 되었다. 아는 사람 하나 없는 병실에서 아무 생각 없이 멍하니 하늘만 바라보다 몇 번의 주일이 지나고 보니 병실 창 앞에 하늘을 찌를 듯한 우람한 나무 한 그루가 노랑 물을 뿌린 듯이 예쁘게 물들어가고 있었다. 하루하루 그 단풍을 보는 재미도 쏠쏠했다. 어느새 나는 그 나무와 이야기를 나누고 있는 자신을 보게 되었다.

오늘 마시는 커피 향은 참 깊고 은은하다. '너도 한 모금 마셔볼래?' 하고 말을 걸자 어느새 지난밤 심술궂은 바람이 예쁜 나뭇잎을 다 떨쳐버렸다. 어쩌면 저리도 야속할 수가 있단 말인가? 그래도 가장 내이야기를 잘 들어주고 살랑살랑 흔들며 '맞아, 맞아!'하며 답을 해주었는데……. 노랗게 물들었던 단풍은 행인들의 무심한 발길에 떨어져 한 해의 추억 속으로 묻혀가고 나랑 이야기를 나누던 우람한 저 나무도 흐르는 계절에는 어찌할 수가 없나 보다.

저 나무를 보니 작가 이름은 잊었지만 어느 작가의 글이 생각난다. 옛 시인과 철인들은 가장 완벽한 인격에 도달한 인간의 경지를 곧잘 나무에 비유한 일이 많았다. 똑같이 이 세상에 태어나 평생을 살면서도 나무는 인간과 달리 오르지 베푸는 존재 그 자체이기 때문이란다. 더운 이에게는 그늘을 만들어주고 추운 이에게는 바람을 막아주고 새들에게는 둥지 틀 가지를 주고 뿌리를 내린 땅으로 하여금 빗물사태가 나지 않도록 뿌리로 얽어 도와주고 욕심 많은 인간에게도 나무는 끝없이 베풀기만 한다고 했다.

그 뭐든 좋은 일을 다 하면서 나무는 단  한마디의 말을 하지 않는다고 했다. 그러나 인간들은 그 반대로 가진 자는 더 가지고 싶어 하고 사람들의 욕심은 끝이 없는 것이고 백 년을 못사는 세월을 이렇게 보내는 것은 너무 무의미한 것이 아닐까 생각해본다.

이렇게 하루가 다르게 세월은 빠르게 가고 있다. 우리네 인생도 가는 세월에 몸부림치며 늙고 병들면 앙상하게 말라있는 저 나무와 다를 바 무엇인가? 나무는 나이테를 남기고 다시 새봄이면 푸른 잎을 달고 새로 태어나지만 함께 노인 병동에서 생활하는 노인들을 보면 오늘따라 나와 마찬가지로 인생무상이란 말을 더 뇌리에 남는다.

저 노인들도 젊어서는 패기와 열정을 가지고 열심히 살면서 남에게 도움을 주고 베풀면서 살아왔을 텐데 나이 먹고 병들어 있으니 성숙했던 저 나뭇잎이 낙엽되어 힘없이 떨어져 땅바닥에 뒹군 낙엽과도 같은 인생의 끝자락이 허무하다.

석양에 걸쳐있는 햇볕이 더욱 따뜻하고 가을의 긴 여운이 남는 적막한 병실에서 허전한 마음은 울고 있지만 마지막 가는 가을 햇빛이 어쩌면 더 외롭게 닦아오는 햇살이 내 마음을 적신다. 나는 지금 내 육신의 고통과 삶의 고뇌에 싸우고 있지만 이 병실에 와서 보니 중증의 장애를 가진 사람들이 많아 가슴이 아프다. 나는 다리 하나를 깁스했지만 그래도 정신이 온전하고 두 팔을 내 마음대로 움직일 수 있음이 얼마나 다행한지 감사한 마음이 든다. 욕심 많은 이들은 풍요 속에 빈곤을 느낀다 하나 빈곤한 가운데 풍요로운 나를 바라보면서 그래 내가 얼마나 이곳에 있을는지 몰라도 내가 집으로 돌아갈 때까지 무엇인가 보람된 일을 찾아야겠다는 생각을 해본다.

오늘 아침식탁에는 나와 비슷한 동 연배의 할머니 한 분이 새로 오셨다. 그는 말과 웃음을 잃고 무표정한 얼굴로 하루 세 번 식탁 앞에서 만났다. '하이 굿모닝!'하고 그 할머니에게 인사를 했다. 어느 날은 그분과 눈을 마주치다 '굿 슬랩 라스트 나

잇?'하고 인사를 하니 또 무 덤덤히 바라보기만 한다.

무슨 맛인지 모르고 이름도 모르는 음식을 먹으며 식사를 해야 하는 내 처지도 서글펐지만 언젠가부터 하루하루 우리는 서로가 어느 자리에 앉았는지 얼굴모습은 환한지 서로 관심을 가지게 되었다. 하루는 조금은 설레는 마음으로 식당으로 갔는데 이게 웬일인가? '하이 굿모닝.'하고 인사를 하니 소리 없이 미소를 지으며 손을 흔들어 보인다.

'아, 동변상련이란 말이 그 말이로구나.' 싶다. 서로 말은 통하지 않지만 사람의 마음은 통하는지……, 그도 은근히 날 기다린 눈치이다. 너무 기분이 좋았다. 그날은 하루 종일 나에게 말을 건네는 사람이 없어 길게만 느껴지던 하루가 즐겁게 지나가고 내일아침에는 그 백인친구에게 포커와 나이프를 바로 잡는 것을 가리켜 주기로 마음먹었다. 날이 갈수록 친구는 활짝 웃는 모습을 보여줬고 내가 식당으로 들어가면 나에게 손을 들어 보였다.

힘들고 무료하고 고통이 따르는 병상생활이지만 나름대로 여기서 즐기는 방법과 사람과 소통하면서 작은 위안이라도 내가 나눌 수 있다는 것에 지루하게만 느껴지던 병실의 하루가 빠르게 지나갔다.

크리스마스가 얼마 남지 않았다. 나는 며칠 후면 퇴원할 날짜가 잡혔는데 그토록 퇴원을 하고 싶었지만 한편으로는 왠지 섭섭한 마음이 앞선다. 그와 헤어지기 때문일까? 병실을 떠나는 아침에 할머니에게 마지막 인사를 했다. 긴 말은 할 수 없었지만 우린 서로 손을 꼭 잡고 '건강하셔야 해요. 잘 먹어야 해요.'라며 마주잡은 손으로 이야기를 대신하는데 할머니의 체온이 가슴을 누른다. 말은 없어도 할머니의 눈에도 이슬이 맺혔다. 그녀의 나머지 인생이 고통 없이 지낼 수 있게 되길 기도한다.

그리고 날마다 출근하여 나를 보살펴주고 저녁이면 집으로 돌아갔다가 아침이면 이런저런 병원 밖의 이야기들을 가지고 와서 함께 시간을 보내주는 남편에게 감사한다. 65일간의 병원 생활을 마치고 집으로 돌아와 오랜만에 진정한 평화를 누려본다.

# 종착역 카페 가던 날

지난해 초겨울의 일이다. 오랜만에 문우들을 만나는 날이었다. 아침부터 내리던 비는 저녁까지 무슨 할 말이 많은 사람처럼 추적추적 내리고 있다. 비도 오는데 갈까 말까 한참을 망설이다 2년 동안 만나지 못하던 문우를 볼 수 있다고 해서 즐거운 마음으로 집을 나서본다.

문우가 운영하고 있는 종착역카페는 분위기가 참 예쁘다. 카페는 그녀를 닮아서인지 여기저기 앉아있는 손님 표정도 밝고 주변이 깨끗하고 좋아보였다. 카페를 들어서니 조르르 달려와

반기는 문우와 눈길이 마주치자 우리 두 사람은 반가워 부둥켜 안고 한동안 말을 잊었다.

살면서 자주 전화하고 만나고 해야겠다고 항상 마음만 먹었지만 행동으로 옮기지 못함이 늘 섭섭하다. 하지만 이렇게라도 볼 수 있음이 감사하다. 낭만과 사랑을 실어 나르는 종착역카페 젊고 친절한 그녀의 모습과 너무도 잘 어울리는 카페이름이다. 아담하고 훈훈한 카페분위기와 들어오는 손님마다 친절하게 미소를 멈추지 않고 안내하는 그녀의 모습이 행복해 보인다. 꿈과 낭만을 실어 나르고 젊은 연인들의 애절함과 추억, 이별과 만남의 이야기가 녹아 있을 것 같은 종착역카페의 분위기가 이름과 함께 마지막 달인 12월에 어울린다. 그래 그렇게 적응하면서 '이곳이 고향이다'하고 뿌리를 내리고 살다보면 정이 들겠지?

시간이 되자 하나 둘 문우들이 모이고 악수와 포옹을 하고 담아온 이야기보따리도 향기롭게 풀어놓으며 모임은 무르익어

가고 있다.

사람이 살아가면서 종착역은 어딜까? 인생이라는 기차에 올라탄 우리는 가다 힘들다고 내리거나 다시 처음 탔던 곳으로 돌아갈 수는 없지만 이제는 조금 여유를 가지고 차창 가에 스쳐 지나가는 풍경에도 마음을 주어보고 간이역의 기다림과 배웅에도 손을 흔들어 주어야겠다.

하루하루를 살아가다보면 종착역에 다다르겠지만 그날이 오기까지는 열심히 기도하고 보고픈 사람도 만나며 좋은 이야기만 담아내는 사람이 되자 마음먹어본다.

천상병 시인의 시구처럼…….

"나 하늘로 돌아가리라.
아름다운 이 세상 소풍 끝내는 날,
가서, 아름다웠더라고 말하리라….."

나도 소풍 끝내고 종착역에 다다르는 날 후회 없는 삶이었다고 노래하고 싶다. 다시 또 그녀와의 만남을 다시 약속했지만 언제 또 이루어질지……. 이민지의 삶이란 항상 바쁘다는 이유로 기약은 없지만 살아있음이 아름다운 밤이다. 문우들과 이야기에 꽃을 피우며 못 다한 아쉬움을 붉은 와인 한 잔에 담아 우리 인생이 종착역을 갈 때까지 아프지 마시고 건강하시라 마음속으로 건배를 해본다.

# 직업에는 귀천이 없다

쓰레기를 치우는 사람, 얼른 보아서는 따분한 직업을 가진 사람 같다. 그러나 쓰레기 치우는 사람이 며칠만 손을 놓고 있다면 거리마다 쓰레기 세상으로 변하게 된다. 또한 우리가 깨끗한 거리를 기분 좋게 다닌다는 것 얼마나 그들에게 고마워해야 할 것인가!

내가 캐나다에서 살면서 알게 된 한 사람의 직업에 얽힌 이야기 한 가지를 예를 들어본다. 그는 가진 돈 모두 탕진하고 하릴없이 지내다가 입에 풀칠해야 되는 현실 앞에서 어렵게 직장을 구했다 밤에 나가 청소하는 일이다.

그는 이 직업이 창피해 얼마 안 가서 남의 눈이 두렵다고 그만뒀다. 기막힐 일이다. 요즘같이 어려운 경제사정에 직장을 잡았다는 것 자체가 참 다행이었는데 그만뒀다니 어이가 없다. 나의 꾸지람이 너무 심했는지 그는 그일 후 두 달이 넘도록 소식이 없다. 내가 생각건대 밤에 나가 청소하는 직업을 가졌다고 이곳에서 그를 낮게 바라 볼 사람은 없다. 설령 그런 사람이 있다고 한들 무엇이 부끄러운가. 직업에는 귀천이 없다. 사람에 따라 밤에 나가 청소한다는 것이 정말 고달프고 지겨울 수도 있다. 그러나 모든 직업에서 이러한 속성은 나타나기 마련이다.

조금만 마음을 넓게 가지면 세상을 바라보는 방향도 달라진다. 남들이 다 놀고 자는 시간에 처량하게 혼자 텅 빈 건물에 나가 덜커덕거리며 의자를 옮기고 바닥을 쓸고 걸레질을 하고 이 짓을 안 하고는 못사나 싶은 심정을 이해한다.

그러나 이런 생각을 걷고 세상을 다른 방향에서 보면 새로운 상념이 나타난다. 가령 내가 이렇게 청소함으로 내일 아침 사람들이 깨끗한 방에서 기분 좋게 능률적으로 일할 수 있을 것이고 그렇게 되면 사람들이 알든지 모르든지 이 일이 곧 그 사람들을 위한 일이 되며 넓게는 사회와 세계를 위한 일이 되는 것이라는 생각을 가지게 된다.

이러한 소중한 생각을 가지고 일한다면 열심히 노력한 만큼 보람까지 느끼게 되는 게 아닐까! 작은 일꾼으로써 비록 사회의 한 모퉁이를 청소하는 고달픈 직업이지만 긍정적인 사람이 되어 살아갈 일이다. 모든 직업이 항상 재미있고 좋을 수만 업다. 비록 부끄럽다고 남을 의식하는 직업을 가진 것을 지겹게만 여기지 말고 깨인 정신과 마음으로 이 일을 열심히 하면 힘들지만 보람이 있을 것이라고 생각한다.

이러한 나의 생각을 그에게 전달한 것이 너무 심했나 싶어서 마음이 아프다. 그가 그 동안 어떤 생활을 하고 있는지 궁금하다. 해가 바뀌었다. 새해에는 성실한 아버지의 모습을 보여주길 바라는 마음이다. 다시 한 번 그를 만나면 인생의 선배로써 따뜻하게 위로해주고 싶다.

# 시간의 선물

며칠 전, 문우가 주고 간 책을 보는데 무심결에 펼친 페이지에 눈에 띄는 구절이 있어 메모를 해두었다. 우리는 매일 아침 시간의 은행에서 86,400초를 우리에게 입금시켜준다고 한다. 그 시간은 내일 아침 내가 눈을 뜨는 순간에 잔액은 모두 날아가 버린다고 한다. 시간은 돈이라고 했다.

날마다 아침에 눈만 뜨면 공짜로 생기는 그 시간이 무엇이 아까울 것인가 말한다면 "한 달의 가치에 대해 알고 싶다면, 미숙아를 낳은 어머니를 찾아가세요. 한 주의 가치는 신문 편집자들이 잘 알고 있을 겁니다. 또 일분의 가치는, 열차를 놓친 사람에게, 막 떠난 버스를 바라보는 사람에게 일초의 가치는 아찔한 사고를 순간적으로 피할 수 있었던 사람에게, 천분의 일초의 소중함은 아깝게 은메달에 머문 스케이트선수나 육상선수에게 물어보세요. 영어에 현재(present)를 선물(present) 이라고 부른다고 한다." 그렇게 책에 적혀 있었다.

나는 나에게 주어진 선물에 대하여 창밖을 내다보면서 깊이 생각에 잠기었다. 앞으로 살아온 날보다 살아갈 날이 적은 나는 무엇을 어떻게 잘 마무리하며 나에게 주어진 이 하루를 어떻게 살아갈 것인지 스스로에게 질문을 하게 된다. 또한 나에게 이 시간이라는 선물을 준 이가 누구인지 지금의 나를 있게 한 사람이 누구인가? 나를 이 세상에 낳아주신 부모님이다. 시간을 주시고 그 시간을 사용할 수 있는 육신을 주신 부모님은 혜에 깊이 감사하여야 한다.

부모님께서 주신 육신과 시간을 잘 관리하여야 하는데 요즘 내 가까이 지내던 지인 여러 몇이 세상을 떠났다. 생로병사에 시달리다 가는 사람도 있지만 교통사고나 그런 일로 갑작스레 운명을 달리하는 사람을 볼 때면 가슴이 참 아프다. 살아가면서 내가 아는 사람이 죽었다는 소식만큼 살아 있는 사람에게 가장 강력한 각성제도 없을 것이다. 그런 일로 사람들은 자신을 반성하고 뉘우치고 기도하게 한다.

도저히 죽을 것 같지 않은 나 자신도 언제 죽을지 모르는 존재임을 다시 생각하게 되고 삶을 재점검하게 해준다. 지인들의 죽음은 마음의 눈으로만 보고 느낄 수 있는 영성의 문제에 깊이 파고들게 한다. 사람과의 관계와 삶에 대한 통찰을 가까운 사람의 죽음을 통해 더 아프게 느낀다. 상실감은 이별의 충격으로 끈적끈적한 슬픔 끝에 이상하도록 강렬한 기대감과 삶에 대한 갈망이 생기는 것은 왜일까?

실컷 울고 나면 카타르시스를 느끼는 것과 같은 이치가 된다. 생각해보면 우리 인생의 핵심은 사람과의 좋은 관계라고 여겨진다. 사람으로 인해 힘들 때도 있지만, 그래도 그들이 있어 울고 웃고 한다. 그래서 전화로 나누어도 좋을 이야기를 시간과 돈을 투자하여 먼 길 마다하지 않고 친구나 선배나 후배를 찾아 가기도 한다. 사랑하는 연인의 관계나 친구의 관계 사람이 사람을 찾는 이유는 따뜻하고 싶고 서로 위로가 되고 위안이

되고 싶어서가 아닐까 생각한다. 그러한 행위에 특별한 이유는 없을 것이다

살아가면서 질병. 깊은 비애, 불만, 삶의 위기를 겪을 때마다 서로에게 든든한 버팀목이 되고 의지가 되어야 한다는 것이다. 아침이면 또다시 우리 모두는 시간의 은행으로부터 공짜로 86,400초를 선물로 받는다. 그 선물을 어찌 사용할지는 각자의 몫이겠지만 나 자신의 건강을 위해 가족을 위해 내 이웃을 위해 나아가서는 사회의 한 일원으로 열심히 봉사도 하고 살아가야 할 것이다.

내가 받을 선물이 얼마나 남았는지는 모르지만 앞으로는 나름대로 보다 열심히 시간과 분을 나누어서 나에게 주어진 하루하루를 보람되게 살아야겠다.

# 3부

## 봄을 맞이하면서

# 난의 향기

며칠 전, 지인으로부터 난을 선물 받았다. 남편이 올해로 팔순을 맞이한 기념으로 보내온 것이다. 난은 새로운 장소에서 영역표시라도 하듯 거실 가득 요조숙녀의 기품으로 은은한 향을 피우고 있다. 난의 향기를 참 오랜만에 느낀다. 캘거리로 이사를 오고는 처음 느껴보는 난의 향이다.

한국에서 살 때 거실에 있던 난 분 몇 개가 해마다 봄이면 난향으로 가득했던 기억이 새롭다. 난향은 고혹한 여인의 자태처럼 향기롭다. 가느다란 꽃대에 피어있는 난꽃의 모습은 신비

롭기까지 하다. 가만히 들여다보면 사람 얼굴을 닮은 것 같기도 하고 세모시 여덟 폭 치마를 두른 여인처럼 정결하기까지 하다.

이 봄에 느끼는 난향이 가슴을 설레게 한 것은 오랜만에 보았기 때문이기도 하지만 내게는 특별한 이유가 또 있다. 늦게 시작한 나의 글쓰기가 난향처럼 귀품 있게 걸어가길 희망하기 때문이다. 월례회에서 만나는 젊은 문우들이 "이번에 발표하신 작품은 정말 저희가 본받을 만큼 좋았어요."하고 인사치레로 건너는 말인 줄 뻔히 알면서도 기분이 좋아지고 희망적이고 용기가 생긴다.

살아오면서 힘들게 겪었던 일들, 친구와의 사소한 감정의 트러블 남편과의 섭섭함도 아이들의 재롱도 다 지나고 보니 나의 문학적 소재로 충분하다. 어찌 생각해보면 늦깎이 글쓰기를 위해 일어난 일이라고 생각하면서 피식 웃음이 난다. 며칠 전 한국을 다녀온 친구가 전화를 걸어 왔다. 난 향기도 자랑하고 베란다 텃밭의 새싹들도 구경을 오라고 했지만 속셈은 따로 있었다.

하루가 왜 그리도 짧은지, 의미 없이 보내는 시간들이 아깝고 억울함마저 드는 요즘이다. 말이 통하는 누군가와 문학과 인생에 대해 소통하고 싶었던 것이다. 아직 비행기의 여독이 풀리지 않은 상태에서 친구가 거절할까 봐 걱정했는데 밝은 목소리로 쾌히 승낙해주었다.

나는 서둘러 친구가 오기 전에 봄의 미각을 돋우는 상추 겉절이와 친구가 좋아하는 북어찜을 만들어 식탁에 올려놓고 예쁜 난 화분도 옆에 가져다 놓았다. 조금 있으니 친구가 현관문을 열면서 얼굴 가득 밝은 미소로 '난향이 참 좋구나!'하고 칭찬이다. 꼭 나에게 하는 칭찬 같다.

"너 정말 대단하구나!"

늦은 나이에 글을 쓴다는 나를 부러워하면서 양념 같은 격려를 잊지 않는다. 점심을 먹으면서도 우리는 옛날이야기와 추억을 멀미처럼 식탁 위에 얹어놓았다. 한참을 시간을 보낸 후 차를 한 잔 마시고 돌아갔다. 생각해보면 삶이란 모두에게 공평

한 것 같다.

담장 높은 부잣집이 그토록 부러워서 물어보면 자식이 없어 얼굴에 웃음기 하나 없이 살던 신림동 옆집, 전문 직종에 종사하던 내 친구가 가정과 일이라는 두 마리 토끼를 다 잡은 줄 알고 부러워했더니 나중에 알고 보니 그녀 나름대로 힘들었음 뒤늦게 알고 가슴이 아팠던 기억도 있다. 요즘 나는 감사하고 살고 있다.

내게 부족했던 그 무엇에 대한 갈증을 글로 풀고 있는 중이다. 누구나 인생을 살면서 어렵고 힘든 문제를 만나지만 그 문제들 풀어가면서 자신이 성장하고 생이 새롭게 발전하는 것을 보게 된다. 평탄하고 무난한 삶을 산 사람은 타인에 대한 생각과 배려에 있어서 미숙할 수가 있으나 아픔이 깊은 사람은 생을 들여다보는 깊이가 남들보다 한 발 앞서 있음을 보게 된다. 이제 별다른 욕심 없이 살아가고 있다.

남편이 심어놓은 베란다 텃밭의 상추씨앗이 움을 트고 아침마다 주는 물소리에 기지개를 키고 하루가 다르게 자라는 모습을 보는 즐거움이 먹는 즐거움보다 훨씬 더 크다.

내 글쓰기의 텃밭인 컴퓨터 모니터에 한 자 한 자 써가면서 명문장은 아니더라도 나를 아는 지인들이 또 황혼을 바라보는 친구들이 늦은 나이에도 무엇인가 할 수 있음이 있다는 것에 함께 기뻐해주고 늦지 않을까 하고 생각한 지금이 가장 빠른 것을 보여주기 위해서라도 나는 열심히 컴퓨터 모니터에 언어의 씨앗을 뿌린다. 욕심이라면 내 글에서 난향처럼 부담스럽지 않는 은은한 글 향으로 다가서길 희망해본다.

# 2011년 신묘년辛卯年을 맞이하면서

2010년 경인년庚寅年, 호랑이 해가 저물었다. 사람은 죽어서 이름을 남기고 호랑이는 죽어서 가죽을 남긴다고 했다. 경인년 한 해 동안 나는 무엇을 남겼는지 자신에게 물어본다.

한 해를 마무리하는 시간 앞에서 사람은 저마다 마음먹었던 일에 점수를 후하게 주기도 하고 사람과의 관계에서 상처가 남기도 한다. 아침에 일어나 바라본 다운타운 높은 빌딩의 지붕마다 하얀 이불을 덮어놓았다. 2010년 경인년 한 해 동안 부족하고 모자랐던 일들 아픈 기억의 일들이 모두 하얀 눈에 덮여 버리면 참 좋겠다는 생각을 해본다. 세월이 약이라고 했던가?

개인적으로 강산이 변한다는 이민 10년이 지나간 뒤 돌아보면 기쁜 일이 많았지만 그에 비례하여 기억하고 싶지 않는 마음의 상처도 있다.

하얀 눈처럼 사람과의 허물과 섭섭함을 모두 묻어 줄 수 있다면 얼마나 좋을까. 2011년은 새해를 맞이하면서 새해는 더욱 더 밝고 평화스러우면 좋겠다. 2011년 신묘년辛卯年, 토끼해는 여성의 해라고 한다. 옛이야기에 보면 토끼는 작고 귀여운 생김새로 사람들에게 사랑을 받았고 놀란 표정, 쫑긋한 두 귀로 약하고 선한 동물로 불리었다. 토끼는 장수의 상징이며, 토끼는 달의 정령으로, 유치원 아이들의 동요에서 친근하고 재빠른 움직임에서 영특한 동물로 늘 우리 가까이에서 접할 수 있었다.

신묘년 한 해를 소망해본다. 경인년 한 해 동안 호랑이처럼 근엄하게 체면만 차리다가 정작 고맙다 수고했다. 칭찬에 인색했던 사람은 새해에는 토끼를 닮아서 부드럽고 온화한 표정으로 먼저 "정말 고마워요." "수고했어요."하고 말할 수 있는 부드러움을 가지면 좋겠다. 호랑이처럼 가죽을 남기고자 작은 일에 소홀히 했다면 다소 이름을 남기지 못하면 어떤가? 새해는 토끼처럼 깡충깡충 밝은 춤사위로 자신의 주변이 밝고 웃음소리 날 수 있게 할 수 있다면 더없이 행복하리라.

토끼처럼 귀여운 얼굴로 내 가족에게 잘하고, 토끼처럼 밝은 표정으로 성당교우들을 만나고, 토끼의 하얀 털처럼 따스한 마음으로 문학회 회원들을 만나고 웃음 가득한 건강한 한 해가 되길 소망해본다.

# 봄을 맞이하면서

간간히 불어오는 바람결에 봄 냄새가 난다. 이렇게 소리 없이 다가온 계절에 차 한 잔을 들고 창가에 서서 하늘을 바라보노라면 참으로 세월의 오묘함에 놀란다.

세월이란 상처의 아픔이 있거나 힘든 삶을 이어가는 사람들에게는 지루한 시간이 빨리 지나가기를 바랄 것이고 기쁨을 누리는 사람들은 세월을 붙잡아두고 영원하기를 기대하는 것이 인지상정이리라. 지금의 나에게는 세월이 어떤 의미로 다가오는 걸까? 항상 후회 없이 살아야 한다는 신념으로 살아왔지만 빠르게 지나가는 세월을 이제는 나도 붙잡고 싶다.

얼마 전 텔레비전을 보니 어느새 남쪽으로부터 봄 꽃 소식이 전해지고 있다. 지난날 고향에서 봄이 오면 나는 봄꽃을 찾아서 많이 다녔다. 남녘에서 꽃 소식이 올라오면 꽃구경 다니던 그때가 먼 옛날이야기 같다. 돌아다니지 않아도 분별 따라 계절은 오고 가는데 서둘러 봄을 맞이하고 싶어 한 것은 젊었다는 증거일까!

우리는 세월이 빠르다고 투정하면서도 가끔 다음 계절을 어서 맞이하고 싶어 하는 이중성을 보일 때가 있다. 봄은 만물이 소생 한다. 그 소생의 기쁨을 누리고 싶어서 세월아 천천히 가라고 하면서도 지겨운 겨울이어서 아니 간다고 구박을 하기도 하고 어서 가라고 떠밀기도 한다.

나는 세월이 흐른다는 것을 가장 가깝게 느낄 수 있는 것은 베란다에 작은 상자로 만든 텃밭에서다. 여름 내내 풍성한 식탁을 만들어주던 싱싱한 야채들이 초가을에서 늦가을로 접어들라치면 어디에서도 싱그러웠던 한 때를 찾아 볼 수 없다. 하긴 싱그러웠던 꽃과 야채들이 영원하다면 애착을 두겠는가!

유한한 인생이기에 잠시 피었다가 지는 꽃처럼 못 다한 여운

이 남긴다. 내 방에는 젊은 날 찍어놓은 사진을 몇 장 걸어놓았다. 그 가운데서도 웃고 있는 사진을 아끼는 것은 지금의 나보다 좀 나아보이고 건강하던 예전에 내가 그 속에 들어 있기 때문이다. 이따금 이사진을 보며 나도 한때는 이런 모습이 있었던가 생각하며 가끔 놀라기도 한다.

젊은 날 총명한 눈빛과 청춘은 어디론지 사라지고 그날의 나는 없어지고 몰라보게 변해있는 모습에 세월을 탓하기도 하고 거울을 들여다보며 지난 세월의 아쉬움을 사진 한 장으로 대신하려는 내 심사가 서글프다. 지난날 담아놓은 사진 속의 시간으로 빨려 들어 간적이 한 두 번이 아니다.

언제 내가 저토록 건강한 웃음으로 활짝 핀 함박꽃처럼 환하던 내 모습을 다시 만날 수 있단 말인가! 어떤 방법으로도 돌이킬 수 없는 세월 앞에 나는 가끔 울고 싶도록 허무와 절망감아 들 때가있다. 가끔 남편의 친구나 지인들이 세상을 떠났다고 하여 가보면 영정을 보게 되는데 어떤 사람들은 실물보다 더 젊은 사진을 놓은 사람도 있고 또 어떤 사람은 미리 준비하지 못하여 작은 사진을 확대하였는지 실제로 내가 알던 얼굴보다 더 늙거나 추해보이는 사진을 볼 때도 있다.

그런 날 생각한 것이 만약에 내가 세상과 이별하는 날 늙어 추한 모습의 내가 아니라 젊고 고운 모습으로 살다간 여인의 모습을 생각나게끔 하는 젊은 날의 사진이면 좋겠다고 생각한 적이 있었다. 오르지 사진만이 그때의 시간을 멈추게 한 사실 앞에 우리는 곧 잘 울기도 하고 웃기도 한다.

그래서 내일보다는 오늘의 순간을 잡아두려고 여행을 가면 사진을 찍고 또 찍는다. 젊다는 것은 무엇과도 바꿀 수 없는 보배이기에 젊음을 남기기 위해 찍는지도 모른다. 그런데 그 귀함을 생각할 겨를도 없이 모두들 사느라고 바빠서 한참을 지난 후에야 뒤돌아보게 된다.

삶이 몹시 힘들던 몇 년은 기억 속에서 지우고 싶기도 하였고 눈가의 잔주름을 발견하고 희끗한 머리칼을 발견했을 때 그 사실을 부정하고 싶은 자신을 보면서 얼마나 서글펐던가! 한번 외출을 하자면 얼굴에 생긴 주름과 잡티를 옷에 묻은 얼룩을 지우듯 문지르고 다독여보지만, 한 번 생겨난 연륜의 흔적은 없어지지 않고 거울에 비춰진 내 모습에 실망하고 이제는 젊음에서 비켜서있음을 인정한다. 지난날엔 '기억력이 참 좋다'는 말을 듣기도 하였는데 기억은 세월에 밀려 끝도 시작도 없이 중간 토막의 기억만 남아있음을 이제는 솔직히 시인한다.

어느새 찬 겨울의 바람은 지나가고 가끔 열어놓은 베란다 문틈으로 불어오는 훈풍에 봄을 느끼면서 올해는 저 베란다 텃밭에 무엇을 더 심을까 상추와 쑥갓을 조금 더 심어서 사랑하는 문우들이 오면 삼겹살 파티를 해볼까? 아니면 지난해처럼 호박을 넉넉히 심어서 보글보글 끓은 된장찌개에 애호박을 맛나게 넣어 볼까 하고 아침 커피한잔을 들고서 지나가는 봄바람에게 슬며시 물어본다. 3월이 오면 텃밭에 씨앗을 뿌릴까 하고…….

# 나들이길

봄바람을 가르고 빠르게 달렸다. 가끔 마음이 답답하거나 머리가 복잡할 때면 혼자서 운전대를 잡고 드라이브를 나선다. 달리면서 여기가 어딘지 나 혼자서 이름을 붙여놓고 부르는 길이 있다. 이 길은 제주도 오름으로 가는 길목의 유채꽃 밭이다. 샛노란 물감을 뿌려놓은 것 같은 유채꽃밭을 지나칠 때에는 차를 갓길에 멈추고 그 빛에 유혹된다. 40여 년 전 제주도 여행길에서 보았던 그 아름다운 유채꽃을 보던 날 길 이름을 제주도 오름길이라 해두었다.

하이웨이를 달리다 보면 들판과 저 멀리 산들이 나를 따라

온다. 봄은 노오란 유채꽃밭, 가을이면 수확을 알리는 갈색과 황금색의 풍요로움으로 겨울에는 만년설을 머리에 이고 선 록키산의 장엄한 모습과 여름의 눈부신 녹음도 빼놓을 수 없다. 같은 길을 달리지만 올 때마다 다른 풍경으로 나를 맞이한다.

아무것도 보여주지 않고 오직 흰색만 보여주지만 어느새 봄이면 어김없이 자연은 우리에게 온갖 화려한 색으로 자연은 노래하고 있다. 특히나 봄은 사계절 중에서 겨우내, 움츠렸던 가슴에 따스한 바람을 솔솔 불어넣는다. 희망을 품게 하는 힘을 가진 계절이다. 그래서 누구나 봄을 좋아하나 보다. 살아가면서 여러 가지 즐거움이 있다. 그 중에서 지금처럼 자연을 통해서 마음이 뻥 뚫리는 것 같은 느낌이 즐거움도 대단하다.

행복은 이러한 외적 만족에서뿐 아니라 우리의 삶 안에서도 꽃을 피우고 있다. 봄 싹처럼 무럭무럭 자라주는 손자 손녀들이 고맙고 든든하게 버팀목이 되어주는 아들과 딸을 통해서 인생의 보람과 의미를 발견하게 된다.

두어 시간을 달렸나 보다. 돌아오는 길 서녘 하늘에 노을이 진다. 보우강 위로 떨어지는 해가 아침 해보다 더 붉다. 그 붉

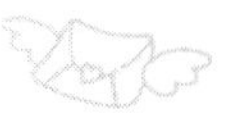

은 노을빛이 내 시선을 타고 내려와 가슴 밑바닥까지 스며든다.

사람들은 행복한 조건을 잃었을 때, 비로소 그것들의 소중함을 절실히 느끼게 된다. 그 조건이 돈이 될 수도 있고 건강일 수도 있다 또는 함께하던 동반자를 잃을 수도 있다. 그러나 지금 현재 내 옆에 없는 것에 연연해하며 아파하기보다는 현재 내게 있는 것에 감사하고 행복해 할 줄 아는 지혜를 가져야겠다.

행복의 느낌은 구석구석에 숨어있다. 마음을 여유롭게 하고 오늘처럼 몇 시간 자연의 품에 안겨보면 세상은 아직 그래도 즐거움과 행복으로 가득하다. 누구나 행복할 권리가 있다고는 하지만 그 행복을 누가 가져다주거나 안겨주지는 않는다. 행복은 오직 내 마음속에 있기에 우리의 생을 어둠이 아닌 빛을 향해간다면 행복은 반듯이 있을 것이다.

그러나 그 발견은 마음의 눈으로만 가능한 것이고 누가 아무리 가르쳐주어도 내 자신이 느끼지 못하면 알 수 없기에 이제는 우리 모두 마음의 빗장을 활짝 열어두고 살자.

# 가을에 떠난 친구

가을을 재촉하는 따스한 햇살이 하루 종일 유리창을 간질이더니 다운타운의 밤은 시작된다. 어둠이 깔리는 도로변에는 어디로 가는 행렬인지 꼬리에 꼬리를 물고 질주하고 있다. 세월은 언제 여기까지 왔을까? 가을은 이별의 계절이라고 했지만 올 가을에는 나에게는 슬픔의 가을이다. 바람이 불어오면 나뭇잎이 떨어져가고 인생은 언제나 외로움 속의 한 순례자라고 말했던가?

작년 이맘때 나를 찾아온 친구가 올 가을에 다시 찾아오겠다는 약속은 했는데 기다려도 소식 없던 친구는 가을바람이 슬픈 소식을 전해준다. 작년 이맘때 5년 만에 만난 친구와 같이 그랜모아 호수에서 단풍구경을 하면서 많은 이야기를 나누고 노란 단풍잎을 머리에이고 서로 마주보며 깔깔대던 친구야 나는 얼마나 너를 불러야 뒤돌아보며 대답하겠니?

올 가을에 꼭 오겠다는 약속은 잊은 거니……. 밤이 깊어 가는데 이것저것 생각해보니 과연 이민지에서 살고 있는 사람들은 어떤 생각을 하면서 살아가는지 궁금하다. 사람은 내일을 모르고 살아가는데 이민지에 삶은 너무나 삭막하다. 사람이 살아가는 데는 공동체 생활 속에 마음과 뜻을 같이하는 만남이 있다. 인생이란 만남의 길이다 누구누구를 어디서 만나도 그 인연은 정해진 것이다.

특히 이민생활에서 사람들이 모여 쉽게 우정을 나누고 오래된 친구처럼 친하게 사귀게 된다. 친구와 우정은 고목처럼 뿌리가 깊지 않으면 쉽게 흔들리기도 한 것이다. 고향친구란 어린 시절을 같이 보낸 우정이 남은 고향과 같은 벗이고 이민친구들이란 필요에 따라 만나고 필요에 따라 헤어지는 그런 종류의 친구들일 것이다. 아무리 오래 알고 지내도 그들의 마음속을 헤아리기 어려운 사람들이다.

만나면 반갑고 헤어져 있어도 그리움이 없는 그런 관계가 이민친구들의 특징이라 할까? 타국에서 만난 사람들은 짧은 시간에 쉽게 친하다가 쉽게 떠나면 아무런 미련 없이 떠나버리는 것이 이민지에서 사귄 친구일 것이다.

이민이란 낯선 땅에서 동포끼리 만나면 처음에는 가족 같은 정을 느끼듯 하지만 차츰 시간이 흐르고 그의 숫자가 늘어나고 부딪히는 곳이 많을수록 그들은 처음 만나 정을 나누던 사람들이 멀어져도 아무런 부담 없는 자연스런 것으로 느껴지기 때문일 것이다.

사는 게 너무 바쁘다는 핑계로 잠깐 잊고 살았다는 말 한마디로 서로가 위안이 되는 관계가 이민친구들의 만남의 특징이라 생각한다. 이민사회란 특수여건 속에서 살고 있다는 것이지만 우리 한국 사람들은 어디를 가서 살아도 동방예의지국이요. 훈훈한 풍습 이라는 것이 있는데 이민이라는 생활이 그렇게 만든 것인지도 모른다.

다들 하는 말대로 오래 살아갈수록 힘들다는 것이다. 이런 힘든 생활에서 스트레스를 이기고 하루의 휴식을 위해 다정한 사람들을 만나 따끈한 커피 한 잔이라도 나눌 친구가 있다면 인생을 잘 살아가는 사람이다. 인생이란 만남의 연속이고 언제나 외로움의 순례자이다. 우정과 사랑, 그리고 이별을 할 것이고. 이러한 만남의 과정에서 소중한 인연의 추억을 남겨야 한다. 운명적인 만남 속에서 우리는 극히 작은 숫자의 사람들과 부딪치며 살고 있는 것이다. 좋은 만남과 친구가 되어있으면 정신적으로 위안도 되고 하루의 즐거움도 있을 것이다.

고향친구란 추억과 향수, 그리움이 남아 마음속으로 위안이 되지만 멀리 있는 친구의 그리움보다는 이민지 일상에서 부딪칠 수 있는 좋은 친구 몇 명이 있다면 든든한 버팀목이 될 것이며 함께 즐거움과 괴로움을 같이 슬퍼할 수 있는 그런 친구가 옆에 있어야 한다. 삭막한 이민생활 속에서 기쁜 일 어려운 일 같이 나눌 수 있는 친구가 있다면 그 사람은 외로운 이민지에서 성공한 삶이라고 본다. 세상은 물질주의라 돈 많이 가진 자 보다는 마음을 열어놓고 서로 의지할 수 있는 친구가 있는 사람이라면 성공한 삶이고 행복한 사람이 아닐까하고 생각해본다.

# 낙엽의 시간

궁전카페에서 내려다보는 다운타운의 가로수가 나목으로 변하더니 오늘 아침에는 눈꽃으로 솜이불을 뒤집어쓰고 있는듯하다.

저 나무의 사계절을 사람의 인생으로 비교해보면 나는 지금 낙엽의 시간쯤에 와있는 것 같다. 바람이 불면 이리저리 뒹구는 낙엽도 가만히 보면 참 아름답다 나이가 주는 연륜이란 게 이런 것인지 시들어가는 것에서도 아름다움을 볼 줄 아는 해안을 지니게 된다.

내가 지금 낙엽이라면 어떤 낙엽일까? 바람이 불면 이리저리

굴러다니며 군무를 추기도 하고 바스락거리는 소리를 내며 사람들로 하여금 가을의 깊이를 느끼게 하고 낭만과 사유의 시간을 주기도 하는 그런 낙엽일까? 낙엽이 가지는 가장 매력적인 부분은 아무래도 밟을 때 바스러지는 소리인 것 같다. 그러나 밟을 때 소리가 사그락거리며 날 때는 낙엽이 건조해야 한다는 전제조건이 따른다.

젖은 낙엽은 밟아도 소리가 나지도 않고 청소부의 빗질에도 잘 쓸리지 않아 지저분한 도시의 풍경을 연출하게 된다. 바람에 날리지도 못하고 세상에서 가장 낮은 자세로 붙어 있는 젖은 낙엽을 보면 같은 낙엽이라 하여도 젖은 낙엽은 어딘지 모르게 처량하고 불쌍하게 보인다.

퇴직 이후 인생에 대한 별다른 준비 없이 은퇴한 남편이 24시간 내내 아내의 주위를 맴돌려고만 하는 남자들을 '젖은 낙엽족'이라고 도쿄대학의 한 여 교수가 명명했다 한다. 일에 쫓겨 이렇다 할 취미도, 노년의 퇴직을 맞는다면 젖은 낙엽신세를 면키 어려운 세상이다.

단풍도 안타깝고, 낙엽도 서러운데 그마저 젖어 있다면 얼마나 서글픈 일인가. 기왕에 맞이해야 하는 노년, 낙엽의 시간을 보내야 한다면 당당히 말하고 싶다. 사그락거리는 맑은 음의 소리가 나는 낙엽으로 살자고 청소부의 빗자루에 붙어서 떨어지지 않으려고 안간힘을 쓰기보다는 사람으로 하여금 내가 내는 맑은 음이 낭만이게 하고 사유하게 하는 시간을 줄 수 있다면 얼마나 아름다운 노후의 시간이겠는가?

몸과 마음을 항상 바쁘게 움직이고 생각을 하는 것이 건강에 좋으며 아직은 여자로 옷매무새도 곱게 하고 엷은 화장이라도 해서 조금 긴장하고 사는 것이 스스로의 정신건강에 좋을 것이다. 나도 저 나무처럼 햇살과 바람의 애무를 받으며 푸르고 싱싱한 젊음이 있지 않았던가.

젊음이란 얼마나 아름다운 것인가? 무엇인가 알 수 없는 일로 희망으로 가슴이 설레며 잠 못 이루었던 밤, '인생이 무엇인가?' '나는 어디서 왔는가?'라는 철학적인 질문 앞에서 밤을 새우던 일하며 거짓을 미워하고 진실을 사랑할 줄 알았던 그 푸른 시절이 내게도 있었다. 그렇다고 오래 살고 싶고 세월을 거슬러가며 늙고 싶지 않다는 것은 아니다. 젊음 그 자체가 무한

한 가능성이고 정열과 희망이기 때문이다.

참으로 젊음은 젊다는 그 자체만으로도 아름다운 것이다. 그러나 젊은 날의 총기 가득한 눈빛은 사라지고 없지만 젊은이들이 흉내 내지 못하는 인생의 계급장이라고 하는 주름살도 사랑할 줄 알아야 한다고 생각한다. 적어도 나이 들어 눈치꾸러기가 되어 눈앞의 이익을 위해서라면 자기중심주의로 옆 사람의 불편을 초래해서는 안 되겠다.

나이가 들어서 참 좋은 것도 있다. 감히 젊어서는 생각도 못한 부분들이 요즘 내가 느끼는 점들이다. 겸손의 폭이 깊어지고 포용할 줄 알고 너그러워지는 마음이 깊어지고 넓어지는 것이다.

쉽사리 인정하고 싶지 않았던 부족함을 시인할 줄 아는 용기 세월 에 물들어가는 희끗희끗해지는 머리카락도 한때 젊음을 지나왔기에 그 젊음의 탄력을 지닌 적이 있으므로 당당하게 흰 머리를 자랑스럽게 생각하고 얼굴의 주름도 젊은이가 감히 흉내내지 못하는 노년만의 가질 수 있는 멋이라고 생각한다.

저 가로수처럼만 살 수 있다면 행복이리라. 누가 시키지 않아도 시간과 계절에 맞게 봄이면 새잎을 틔우고 여름이면 신록을 자랑하여 시원한 바람에 일렁이며 가을날 붉은 옷으로 갈아입고 모든 것을 내어주고 나목으로 겨울을 맞이할 줄 아는 사계절의 시간을 지킬 줄 아는 현명한 사람이고 싶다.

세월이 스쳐간 흔적인 희끗한 머리카락과 눈가에 잔주름 그러나 나는 슬퍼하지 않을 것이다. 그것이 자연의 순리인 것을! 인생의 종점을 향해 어디쯤 왔을까 궁금해하지 않고 다가오는 세월을 묵묵히 맞이하면서 바람에 이리저리 흔들리며 사그락거리며 맑은 음을 내는 낙엽이 아름답게 느껴지는 오늘이다.

# 가을 그 쓸쓸함에 대하여

가을엔 편지를 하겠어요
누구라도 그대가 되어 받아주세요
낙엽이 쌓이는 날
외로운 여자가 아름다워요

– 「가을편지」 중에서

이 노래가 방송에서 나와야 가을이 오는 것처럼 느껴지는데, 어제 오늘 계속 나오고 있다. 가을이 오기 시작할라치면 내 입에서도 언제부터라고 말은 못해도 가을이 올라치면 이 노래가 흥얼거려진다.

그래 오늘은 아름다운 여자가 되어보기 위해서 외로운 여자로 낙엽이 쌓인 보우강가 파크를 가보기로 하였다. 물론 고독한 척 혼자서 아름다워 보이기 위하여 아무에게도 연락하지 않고 간 것은 아니다.

영어가 서툴러서 차 타기가 힘들어서 내가 필요한 시간에 외로운 여자가 아름다워 보이니 가보자고 하고 냉큼 달려와 줄 막연한 친구도 딱히 없기에 잠시 짧은 캘거리의 가을이 가기 전에 나는 가을을 만나러 길을 나선다.

아침부터 하늘이 잿빛으로 변하더니 잠시 가을비가 내린 탓일까. 공원에는 바람이 일 때마다 이리저리 솔리며 흩날리는 멋진 낙엽의 군무를 볼 수가 없었다. 지금의 나처럼 젖은 모습으로 땅에 엎드려 꼼짝도 못하고 있는데 안쓰럽기도 하고 살그락거리며 부서지기 싫어 누워 있는 것처럼 보이기도 하고…….

'나 요즘 너무 아파요 밥맛도 없고 힘들어요'라고 엊그제 오랜만에 전화한 K는 가을만 오면 이유 없이 우울하고 울고 싶고 어디 가고 싶고 딱히 누구라고 이름을 떠올리지 않아도 그

리운 이가 생각나고 심하게 가을을 탄다며 가을앓이에 목소리에 힘이 빠져 있었다. 불과 얼마 전만 해도 나는 그 말이 무슨 뜻일까? 알 것 같으면서도 궁금해 하였다. 지금은 상세히 설명하지 않아도 그것이 무슨 말인지 내가 너무나 잘 알고 있다. 아니 안다기보다 느끼고 있는 중이다. 아무 일도 아닌 건성으로 던진 한마디 말에도 섭섭함이 깊이 들곤 하는 요즘이다.

K는 그랬다. 내가 지금 느끼는 증상이 심각한 가을앓이라고 한다. 그래 약도 없는 병을 앓고 있는 중이다 전에 없이 자꾸 서글퍼지고 작아지는 내 모습이다. '하늘이 너무 고와서 울고 싶다'고 하던 어느 시인의 말이 그때는 '참 예민하구나'했는데 아파트 베란다에서 내다보는 높고 푸른 하늘이 그토록 아름다운데 왜 내 마음이 슬퍼지고 우울해지는 그 시인의 마음을 이제야 100% 이해하는 중이다.

헤어지기 싫어서 그토록 어여쁜 색으로 물들여 보낸 낙엽을 보면서 가을앓이를 한다고 하고 뱃놀이도 아닌데 가을을 탄다. 라고도 하고 하지만 이모든 것은 살아있기에 가질 수 있는 아름다운 감정이라고 스스로에게 위로를 해본다.

붉은 단풍을 잘 볼 수 없는 강가 파크에서 날 데려가 달라며 내 눈길을 놓지 않고 애원하는 작고 예쁜 붉은 단풍 하나를 주어서 손바닥에 올려놓고 이야기를 건네본다.

'어디 여행을 한번 가보세요.'

'글쎄 돈이 많이 드는 것도 아닌데…….'

'아니면 노래를 해보세요.'

'그것도 요즘은 자고 일어나면 목소리가 잠기는 게 아마도 고장인가 보다.'

'맞아요. 수필가니까 글을 쓰세요.'

'그래 맞아, 이 갈증을 글로서 풀어야겠다.'

'고마워 낙엽아 나랑 동무해줘서 참 예쁘구나. 내년에 또 만나자 구나.'

작별의 인사를 하자 한 자락 바람에 휙……. 날아가버렸다. '아!'하고 감탄사가 절로 나오는 낙엽이 융단처럼 깔린 산책로 거닐며 내게 찾아왔던 많은 인연들 이런저런 사연을 남기고 간 인연들을 생각하며 집으로 돌아와 컴퓨터 앞에 앉아 글을 쓴다.

다정한 친구에게 말하듯 내가 나에게 말을 걸면서 노래 가사처럼 외로우면 아름다운 여자라고 하니까 가을을 타는 나는 아름다운 여자라고 이름하여 본다. 봄은 조금 타지만 가을을 무덤덤히 보내던 내가 요즘 가을앓이를 하는 이유를 생각해보면 나이가 주는 황혼의 쓸쓸함도 있지만 이민에서 오는 답답함과 마음대로 움직일 수 없는 불편한 몸 이지만 하기 싫은 일도 꼭 해야 한다면 차라리 재미있다.

즐기면서 일을 하면 일의 능률이 더 오른다고 한다.

가을을 타는 것은 살아있기에 가질 수 있는 감정이고 나이는 젊은 시절이 있었기에 또 젊은이들이 감히 흉내 내지 못하는 여유로움이 있지 않는가? 이민도 오고 싶어도 못 오는 사람들을 생각하면 이 또한 행복하고 스스로에게 위안하여 본다. 자리를 하고 누워서 꼼짝 못하던 중환자실의 그 환우를 생각하면 그가 보는 입장에서는 나는 날개를 달고 날아다니는 형상이니 이 또한 얼마나 감사한 일인가?

마음 맞는 친구와 가을여행은 갈 수 없다 하여도 내일은 오랜만에 전화통을 붙잡고 친구와 하하 호호 왕 수다로 가을앓이를 한방에 날려버려야겠다. 아니면 가을이니까. 내가 나에게 우표를 붙인 편지를 하는 것도 좋은 방법이 아닐까 생각하며 ……. 살아있기에 느낄 수 있는 가을앓이를 즐기며 내년에도 또 내년에도 미리 예약하면서 벌써 뒷모습을 보이며 사라지는 가을에게 안녕이라 고해본다.

# 4부

## 비 내리는 창가에서

# 내가 글쓰기 시작한 것은

오늘처럼 소리 없이 눈이 내리는 날 나는 책을 읽기를 참 좋아했다. 젊은 시절 주로 애정소설과 어머니께서 즐겨 읽으시던 장화홍련전, 춘향전과 주변에서 구해지는 대로 장르에 구분 없이 막 읽다가 어느 날 모윤숙의 '랜의 애가'를 읽게 되었다. 아프리카 깊은 숲 속에서 혼자 우는 새 랜을 통해서 전해지는 온갖 사랑의 슬픔, 상처, 외로움, 고독 그러한 단어에서 꼭 내가 비련의 주인공이 되어 우울해하기도 하고 한참 애정소설에 빠져있던 차라 나를 사로잡기에 충분하였다.

우연한 기회에 문학행사에서 중년의 모윤숙님을 먼발치에서

뵙게 되었고 그날 이후 모윤숙님을 존경하며 좋아했으며 그분의 필체를 흉내도 내면서 책을 읽다 마음에 드는 구절이 나오면 노트에 옮겨 적기도 하고 낙서처럼 종이 위에다 나의 생각을 모윤숙의 흉내를 내면서 적어놓으면서 그분은 내 문학적 자양분이 되었다.

길을 가다가도 문뜩 떠오른 시상을 호주머니에 항상 넣어 다니는 작은 수첩에 적기도 하면서 언젠가 나도 한번 써보고 싶다는 열망에 연습장엔 습작들이 쌓이곤 했다. 때로는 친구들의 연애편지를 대필해주기고 하고 빈 공책에 낙서처럼 짧은 글이 모이면서 그때부터 글쓰기에 대한 꿈이 가슴속에서 꿈틀거렸던 것 같다

가끔 내가 사는 지역에 문학 강좌를 하면 일부러 참석하였고 글쓰기에 대한 꿈은 가슴속에서 꿈틀거렸지만 아이들과 가정에 충실 하느라 생각뿐 막상 행동에 옮기지는 못하였다. 그러다 늦은 이민생활에 적응하지 못하여 정신적으로 힘들고 이런저런 일들을 겪으면서 지역신문에 나는 글을 보면서 아! 어쩌면 내가 하고 싶은 말을 하고 있는지 동감하게 되었다.

나도 글을 쓰고 싶다는 열망에 다시 시작한 나의 글쓰기는 사람들과 대화하는 대신 글을 쓰면서 마음을 달래고 글에서 즐거움을 느끼며 즐겼다기보다는 글을 씀으로 해서 나를 돌아보게 되었고 나의 정체성을 찾게 되었다.

내가 설 땅이 어디인가! 어떻게 살아야 하는가! 조금씩 글을 통해 말하고 싶었다. 수필이란 어떻게 쓰는 것인가! 수필 공부를 정식으로 공부하기도 전에 나는 이미 이민지의 애환을 형식 없이 토해내기 시작하였고 수필인 줄도 모르고 마음속 이야기들이 문자로 포장되어 세상 밖으로 나들이를 시작하였다.

차츰 소설책을 찾는 대신 수필집을 선호하여 읽기 시작했고 좋은 수필을 만나게 되면 봄비에 파릇한 새싹이 나듯 잔잔한 감동이 내 마음을 즐겁게 해주었다. 좋은 수필은 진솔한 인간의 고백이 있고 숨기고 싶은 치부(恥部)가 더 이상 부끄러움이 아닌 삶이 가지는 깊이로 나의 무지를 일깨워주는 훌륭한 스승이 되었다.

수필이란 짧은 글속에서 세상을 읽고 인생의 깊이를 가늠하면서 유명한 수필가들이 쓴 책을 읽으면서 수필 쓰기에 대해서 깊이 생각하게 되었다. 수필은 꾸미는 글이 아닌 말장난의 글이 아니라 삶의 전체를 진솔하게 담아낸 글이어야 한다는 이 말은 곧 수필을 쓰는 사람의 인품을 나타내므로 솔직히 글을 써서 내어 놓음에 어찌 두려움이 없겠는가!

글을 쓰고 다시 읽어보면 항상 아쉬움과 모자람이 있기에 좀 더 사물을 깊이 관찰하고 자연과 대화하며 좀 더 따뜻한 마음으로 사람을 만나며 기도하는 마음으로 글을 쓰자며 스스로에게 다짐해 본다.

# 젊고 건강한 노후

작년 가을의 일이다. 오랜만에 백화점 나들이를 하였다. 꼭 무엇을 사고자 한 것은 아니었지만 지인과 함께 구경삼아 여기저기 기웃거리다. 색상이 조금 화려하고 젊은이들이 입으면 좋아 보이는 남색 반코트와 바지가 내 눈길을 붙잡고 놓아주지 않았다.

한참을 망설이다 한 바퀴 다른 곳을 돌아다녀도 마음속에서 그 옷이 지워지지 않아서 결국 사고 말았다. 막상 집에 와서 거울 앞에서 그 옷을 입으려니 조금은 주책이다 싶었다. 거울 앞에서 옷을 입어보다가 옆에 있는 남편에게 물어보았다.

"이 옷 어때요?"

너무 주책스럽지 않는지 봐달라고 했더니 "그 색상이 당신한테 잘 어울리는데……."하고 내가 기분이 좋으라고 하는 말인지는 모르지만 그 말에 용기 내어 손자손녀를 둔 할머니가 노란색이면 어떻고 빨강 색이면 어때하고 나는 자신 있게 입었다.

색상이 밝은 색의 옷을 입으면 왠지 덩달아 기분이 좋아진다. 우중충한 검정이나 회색의 옷을 입으면 다소 점잖게 보이고 엄숙은 해지지만 기분이 밝아지지는 않는다. 꽃을 보면 울긋불긋 화려하고 따뜻한 색상의 꽃이 사람의 눈길을 끌듯이 여자도 꽃에 비유한다고 했던가! 아무리 나이를 먹어도 밝은 색상의 옷을 입고 머리도 한 번 더 빗으므로 밝고 화사한 여자 가 될 수 있고 없고는 스스로의 선택이라고 생각한다.

얼마 전 지팡이를 짚고 지하철을 타게 되었는데 자리에는 젊은이들도 많이 앉아있었고 빈자리도 있었지만 나와 비슷한 나이의 백인할머니가 얼른 자리에서 일어나 나를 앉으라고 친절을 베풀어 주었다. 자신을 가꿀 줄 알고 남을 배려할 줄 아는 마음 그것이 우리를 더욱더 아름답게 늙어가게 하는 것이 아닐까 생각해 보았다.

고향에서의 꽃이 만발하던 봄과 선선한 바람이 부는 가을날은 참 좋지만 지금처럼 여름은 이 캘거리가 그리 좋을 수가 없다 젊어서도 견디기 힘들었던 푹푹 찌던 여름을 생각하면 땀도 나지 않고 건조한 이 날씨가 그나마 공원에도 가고 외출을 하는데 별 어려움 없어 참으로 좋아한다.

캘거리 다운타운이 훤히 내려다보이는 거실창가에서 차 한 잔을 들고서 흘러가는 구름을 보면 생각하기 따라서 인생이 무상하기도 하고 저 구름을 타고 하늘을 날아보았으면 하는 꿈도 꾸게 된다. 구름을 쫓아 가던 눈길을 멈추고 젊게 늙어가는 방법이 무엇일까 생각해본다.

어느 날 고향에서 온 전화에서 80을 넘긴 고향선배가 내가 너 나이라면 무엇이라도 새로 시작해 볼 텐데……. 그날 아 젊고 늙었다는 것은 내가 정하는 것이지 누가 정하는 것이 아니구나. 그 선배의 눈에는 10년이 젊은 내가 젊은이로 보이는구나 싶었다. 이제라도 늦지 않다고 말하고 싶다. 자신이 즐길 수 있는 가장 잘하는 취미생활을 가지라고 말하고 싶다.

요리를 잘하는 사람은 된장찌개 한 가지라도 해서 가까운 사람들과 한 끼 식사를 나누며 그 음식에 대한 자랑도 하면서 이야기를 잘하는 사람은 옛 이야기로 주변을 즐겁게 해주고 아침 저녁으로 가까운 공원에라도 다니며 가벼운 운동도 하면서 주변의 작은 모임이라도 참석하여 단체의 소속감을 즐기고 각자의 취미생활을 통해서 자신의 존재감을 찾고 노력한다면 아름답게 늙어간다고 말할 수 있지 않을까!

스스로 밝은 옷을 입고 건강한 마음으로 살면서 남을 배려하는 아름다운 마음씨와 나 자신에게 투자하는 취미생활을 즐긴다면 나이를 떠나서 보다 더 보람되고 젊고 건강한 노후를 가질 수 있을 것이라고 생각해본다.

# 한 해의 끝자락

12월도 중순을 지나고 있다. 한 장 남은 달력은 젖은 낙엽처럼 벽에 딱 붙어 있으나 그것도 며칠만 있으면 새해 달력에게 자리를 내주어야 한다. 사람도 떠나야할 때와 남겨져야 할 때를 알아서 하면 얼마나 좋을까 아무리 생각해도 그녀는 너무 빨리 가버린 것 같다.

모두 잠든 밤이다. 며칠 전 형제같이 지내오던 친구가 심장마비로 길거리에서 쓰러져 세상을 마감했다는 소식을 듣고 얼마나 황망하던지 살아있다 해서 살아있음이 아니라는 생각이 든다. 그녀를 처음 만난 것은 40여 년 전의 일이다. 그녀와 나는 첫아이 초등학교 입학식 자리에서 같은 학부형으로 서로 만나 흉허물 없이 지내온 사이다. 그러다 이민을 오게 되면서 오랜 세월 서로 연락하지 못하다가도 어쩌다 전화라도 할라치면 얼마나 반갑고 바로 어제 만난 친구처럼 할 이야기가 많았는지 모른다. 떨어져 있어도 전화만 하면 금세 밝은 목소리로 안부를 물어오곤 하던 터라 그녀가 언제나 내 곁에 있어줄 것 같았던 친구를 보내고야 말았다. 자주 안부를 챙기지 못한 내 무심함이 얼마나 미안한지 죄책감에 한 며칠 우울증에 시달려야 했다.

이제는 새로운 사람을 만나기보다는 알던 사람을 떠나보내야 하는 일에 더 익숙해져야 하는 나이 앞에 서있다. 이별은 그렇게 예고 없이 별안간 내게 찾아왔다. 창가에 스치는 바람소리에 귀를 기울인다. 한 해의 끝자락에 서서 그 동안 내게 일어난 일들과 스쳐간 인연들, 그리움, 여러 가지 집안일과 나 자신에 대한 생각으로 밤이 깊어간다. 생각이 깊어질수록 마음 깊숙이 접어두었던 그리움이 추억이란 이름으로 꼬리에 꼬리를 문다.

사람이 산다는 것은 종과 횡으로 많은 이들과 연결되어 있는 것이다. 내 삶이라고 해서 내 한 몸으로 끝나는 것이 아니라 행동 하나 하나가 주위와 사회에 조금이라도 영향을 주기 때문이다. 사람은 누구나 내가 남에게 위로가 되는 사람, 아름다움, 또는 향기로움으로 사람과 사람 사이에 기억되기를 누구나 소망하며 살아간다.

눈 깜박할 사이에 지나가 버린 세월, 신묘년 새해 올해는 이것은 해야지 하고 마음먹은 일, 흐지부지 언제 내가 마음을 먹은 적이 있기나 한 것인지 자신에게 괜스레 미안해진다. 소멸과 생성을 반복하는 삶 속에 시간은 참으로 황망히 가버렸다.

곱게 물들어 가던 꽃들도 푸르던 숲도 탐스럽게 익어가던 열매도 결국 시간 앞에서는 속수무책 낙엽으로 변하고 말았다. 세상에 존재하는 모든 사물 가운데 나만 바쁜 척 살아왔다는 자책이 밀려든다. 늦은 지금이 가장 빠르다고 한다. 지금이라도 삶의 진정한 의미를 찾아야하지 않을까 생각한다. 나는 한 해 동안 무엇을 하며 무엇으로 살아왔던가.

12월, 한 장 남은 달력이 오늘 나를 들여다볼 수 있는 기회를 만들어주었다. 마지막은 다시 새로운 출발을 위한 마무리라고도 하지 않는가. 오늘 이 하루를 생의 첫날처럼 아니면 이 하루를 내 생애 마지막 날이라면 전이던 후이던 최선을 다해서 오늘 지금 이 순간을 후회 없이 열심히 기도하며 부지런히 밝게 미소지으며 살아볼 일이다.

신묘년 12월이여! 잘 가시라!

배웅해본다.

## 장례 문화

어느 날 저녁상을 물리고 TV앞에서 뉴스를 보다가 묘지와 화장에 대한 토론방송을 보게 되었다.

여기서는 찬반여부를 가리는데 신세대는 화장을 기성세대들은  분묘에 찬성하였다. 그러고 보니 요즘 들어 분묘(墳墓)제도에 대한 논쟁이 한창이다. 묘지는 조상을 기리고 자손들의 복운(福雲)에도 영향을 미치는 중요한 상징물이므로 관습으로 유지해야 한다는 쪽과 비좁은 국토와 폭발적인 인구증가로 묘지를 쓸 공간이 줄어드는 현실을 감안하여 화장(火葬)을 해야 한다는 논쟁이 바로 그것이다. 양쪽모두가 일리가 있는 주장이어서 이 논쟁은 앞으로도 계속될 것으로 보인다.

몇 년 전 해도 분묘 유지 쪽이 압도적 우세였다. 그러나 지금은 많은 사람들이 화장에도 찬성을 함으로써 이 논쟁을 더욱 뜨겁게 하고 있다 어느 대학교수는 이런 말을 했다 사람에게는 중요한 것은 살아 있을 때의 삶이지 죽은 뒤 영혼이 떠나버린 죽음이 차지하는 공간이 아니라 땅속에 묻히면 언젠가는 다 썩어서 흙이 될 뿐이다.

따라서 화장하여 재가 되는 것이나 흙으로 돌아가기는 매일반이 아닌가 하고서……. 지금 우리나라 산들은 무덤으로 가득 차 몸살을 앓고 있다. 그로 인한 자연훼손이 심각한 상태이다. 후손들에게 아름다운 금수강산을 물려줄 수 있도록 대책이 마련되어야 한다. 그런 의미에서 그는 자신이 죽으면 시체가 없어서 실습을 제대로 못하는 의과대학 실험용으로 몸을 기증하여 의학 발전에 기여한 후 화장으로 처리하기를 소망한다고 했다.

참으로 죽은 후에도 존경받을 만한 생각을 한 것이다. 나와 남편의 경우는 달랐다. 남편의 생각과 의견이 일치했다. 어디까

지나 분묘 유지 쪽이다. 나에게는 힘들고 괴로울 때 찾아가서 하소연하며 위안을 받을 수 있는 친정 부모님의 산소가 없기 때문이다. 아바지가 6.25때 비운으로 소천하셨기 때문에 화장을 하셨던 탓에 어머니역시 화장을 하라는 유언에 따라 그렇게 장례를 치렀다. 아버지의 마지막을 염두에 두셨기 때문이리라…….

아버지의 시신을 화장하여 강물에 띄워 보내던 날, 한 맺힌 심사를 가눌 길 없어 담배를 배우게 되었다는 어머니, 그 아프고 처절한 심정을 깨닫게 된 것은 어머니가 떠나신 후였다. 49제를 마치고 나니 절에서 마저도 외형적인 흔적이 사라졌다 절절한 허무감에 그냥 허허벌판에 주저앉아 지푸라기라도 붙잡고 싶은 심정이었다. 그래서 나는 묘를 쓰겠다고 작정했다.

내가 죽으면 자주 찾아올 수 있는 양지바른 곳에다 묻어달라고 자식들에게 미리 말해 두었다. 남편과 나는 외곽지를 나들이 하면서 잘 단장해놓은 묘지를 보면 부러워서 저 집 자손들은 효심이 많은 사람들이라고 하면서 자신을 자책한다. 한참을 가다보니 어느 묘지 하나가 보인다. 우리는 묘지 앞에 차를 세우고 먼발치에서 올려다보니 이름 모를 꽃들이 소담스럽게 피어 은은한 향기를 발산하고 있었다. 빨강, 노랑색 꽃은 소박하고 아름다운 삶을 살다간 어느 여인의 화신처럼 보였다.

솔잎 향이 풍겨나는 샛길을 타고 올라가보니 묘지 마다 효의 상징이라 생각하고 여기저기 세워져 있는 묘비가 눈에 들어온다. 남편은 멀리 있다는 핑계로 10년 동안 한 번도 부모님 산소에 찾아가보지 못함을 주정 저럼 반복하고 있는 남편의 모습을 보고 있으려니 불쑥 친정어머니의 모습이 떠올랐다 뭉클해지는 설움을 토해내듯 흙을 한 줌 쥐고 '어머니!'하고 마음속으로 불렀다.

먼 창공에서 맴돌고 있는 이름 모를 새 소리만이 응어리진 마음을 어루만져줄 뿐이다. 집으로 돌아오면서 남편은 내 표정을 알고 슬며시 손을 잡아주었다. 그러나 다시 한 번 다짐했다 내 자식들에게는 이런 설움을 안겨주지 않으려고 어떤 것이 옳다 나쁘다고 단정할 수는 없었지만 서로 절충적인 대안이 있었으면 좋겠다.

서양의 경우처럼 잘 다듬어진 공원묘지도 있지 않는가! 화장하여 조그마한 항아리에 유골을 넣고 묘비를 세워 가족들이 언제든지 즐겁게 나들이 할 수 있는 공원 같은 곳 말이다. 자손들이 즐거운 마음으로 찾아와 그리운 할아버지 할머니를 회상하며 하루를 보내고 갈 수 있는 곳이면 더욱 좋지 않을까, 하지만 묘 자리를 택지함에 있어 명당자리만을 선호하는 우리네의 오래된 사고방식이 쉽게 바뀔지는 장담할 수 없다

사실 나 자신도 미래의 국토를 생각하지 않는 근시안적 인 생각임을 인정하면서도 자식들과의 유대를 이어주는 정의 끈이라도 되고 싶은 심정에서 이렇게 시대 역행적인 생각에 잠겨보는 것이다.

# K의 편지

인터넷의 발달로 요즘은 주로 메일로 소식을 전하고 공과금마저 메일로 접수를 하고 결재를 하는 세상이다 보니 손으로 쓴 편지를 받아보는 것은 아주 귀하고 드문 일이 되었다. 오랜만에 보는 한국 우표가 너무나 반가웠다. 그런데 아무리 보아도 보낸 사람의 주소가 없었다. 궁금한 마음에 급히 봉투를 뜯어보았더니 편지는 '보고 싶은 친구에게'라고 시작되었다.

무슨 일인지 궁금했다 K의 편지였다. 그녀라면 대학교수까지 한지라 컴퓨터는 분명히 나보다 더 잘 이용할 줄 알 텐데 한 자 한 자 펜으로 정성스럽게 글을 쓰고 있었다. 10여 년 전 우연히 홍도를 가는 배 안에서 그녀를 만나게 되었다. 그날 주소를 묻는 내게 대답대신 눈물만 보였던 그녀, 그녀는 학창시절 도도한 부잣집 딸로 무척이나 날 힘들게 하고 반 친구들을 못살게 굴던 얌체 같은 친구였다.

그 시절 우리는 6.25 전쟁이란 비참한 비극을 겪으면서 공부하던 시절이라 학창시절의 즐거운 기억보다 배가 고팠고 고생스러웠던 기억이 더 난다. 그 중에서 더욱 나를 힘들게 한 친구가 바로 이 편지의 주인공이었다. 우리는 서로 시기하고 미워하며 여고를 마칠 3년 동안 힘든 경쟁 관계였다. 그런 그녀가 무슨 일일까? 그런 그녀가 고해성사처럼 지난 일에 대해서 하나하나 후회하고 잘못하였노라 용서해주기 바란다는 글로 나를 울리고 있었다. 결혼도 잘하고 아이들도 잘 자라고 대학교수로 사회적인 직위도 보장받은 그녀가 왜 이런 아픈 이야기를 하는 걸까! 그녀 자신에 대한 이야기는 말하지 않고 지난 세월에 대한 미련과 후회로 편지내용은 가득하였다.

"10년 전 홍도여행지에서 너를 만났을 때 너의 모습은 너무 행복해 보였다. 그때 나의 심정은 바다 속으로 뛰어들고 싶었다며 언제인지는 모르지만 하느님의 부르심에 응할 준비를 하며 투병의 끈을 놓으려고 한다며 모쪼록 못난 친구를 용서하고 건강히 잘 지내다오"라며 편지는 끝나고 있었다.

나는 눈을 감고 옛날 학창시절로 다시 돌아가고 있었다. 우정은 언제 만나도 너그럽고 따뜻한 관계라야 하는데! 사람팔자 알 수 없다더니 이 친구와 나를 두고 하는 말이 아닌지……. 친구란 훈훈한 마음으로 각자의 인성을 아름답고 풍요롭게 살아갈 수 있도록 서로에게 밑거름이 되어야 하는데 나 역시 그녀를 미워만 했지 따뜻하게 안아주지 못하였다. 아마도 그녀는 인생을 마감하면서 이런저런 감정의 찌꺼기를 그녀 방식대로 끄집이내고 있는지도 모른다. 좀 더 따뜻한 마음으로 보듬어 줄 것을…….

후회스러웠다. 나는 이민을 오기 전 마지막 고향의 모습을 눈에 담기 위하여 떠난 여행이었지만 그녀는 아마도 무엇인가 인생에서 무엇인가 모를 정리를 위해 떠난 여행처럼 보였다. 여행지에서 만났을 때 그녀는 이미 몸이 많이 쇠잔해있었고 그 모습을 감추려고 곱게 화장을 하고 역시 예쁜 옷을 입고 치장을 했지만 그녀의 얼굴표정은 많이 힘든 모습이었다. 얼마나 힘들었을까! 생각하니 영영 이별이 될지도 모르는 만남의 자리에서 서로의 입장만을 생각하다 지난 시절 감정의 찌꺼기로 마음으로 그녀와 화해하지 못한 내가 지금 생각하니 옹졸하기 그지없었다.

내가 먼저 이해해주면 되었을 일을 왜 나는 이해받기를 바랐는지 이러한 감정을 가지고 있기엔 나도 버거워 그녀를 잊고 있었던 것이다.

그러나 뒤돌아보면 그녀가 나에게 꼭 나쁜 것만 안겨준 것은 아니었다. 그녀는 내게 인간관계의 조심성과 비움의 철학을 철저하게 가르쳐준 친구인지도 모르겠다. 주소를 몰라서 진정으로 지난 일에 대해 서로 용서하고 화해하며 서로 남은여생 평안히 지내시라 기도라도 적어 보낼 텐데…….

들길에 핀 이름 없는 들꽃도 다 흔들리며 핀다고 한다. 그녀가 현재 있는 그 자리에서 스스로 소중하고 귀한 사람으로 생각하며 생의 첫날처럼 하루하루를 소중히 지내주길 바라며 그녀가 남은여생을 편안히 지낼 수 있기를 기도하는 밤이다.

# 바다로의 여행

예정에 없이 떠난 여행이었다. 갑자기 찾아온 지인이 밴쿠버 빅토리아를 가는데 함께 하지 않겠느냐는 권유에 캘거리가 참 살기 좋고 깨끗한 도시지만 한 가지 흠이라면 가까운 곳에 바다가 없다는 것이 늘 아쉬웠던 지라 바다를 볼 수 있다는 유혹에 앞뒤 생각할 여가도 없이 따라나서게 되었다.

살아가면서 힘들고 지칠 때 또는 혼자 있고 싶고, 또 혼자 찾아가고 싶은 곳이 누구에게나 있기 마련이다. 어떤 사람은 사찰이나 또 어떤 사람은 산이나 숲을 찾아 야외로 또는 음악이 흐르는 조용한 찻집이나 강가의 노을을 바라보며 오랫동안 앉아있고 싶은 낡은 벤치, 사랑했던 사람이 잠든 공원묘지, 서점이나 박물관 등 잠시나마 여유로움을 갖고 느긋해지고 싶거나 위로가 필요한날 사람들은 자기만이 느끼는 장소를 갖고 있을 것이다.

나 역시 안정되지 않고 안개 속을 헤매듯 가슴이 답답하고 무거운 날, 가족들이나 친구의 작은 잘못이 산만큼이나 커 보이며 미워지는 날, 사람들 사이에서 비켜나고 싶을 때 추억의 시간 속에 여행하고 싶을 때 나는 고향 바닷가를 자주 찾아갔던 기억이 있다.

나 혼자서 찾아가는 곳, 나만의 바다에 가면 바다는 언제나 시원한 바람으로 나를 맞아주었다. 바닷가에 앉아 끝없이 출렁이는 파도의 몸짓을 지켜보노라면 내 영혼에 녹아있던 감정의 찌꺼기가 파도에 말끔히 씻겨지는 느낌이었다. 끝없이 출렁이며 크고 작은 파도를 만들고 이따금 몸부림치며 무섭게 노하기도 하지만 언제 보아도 바다는 큰 가슴의 생명체로 어머니의 품처럼 너그럽고 평화로운 모습이다.

일렁이던 물결이 바람의 힘으로 해안으로 몰려드는 파도는 우리네 인생과 같다. 온 힘을 다하여 모래사장 위로 달려들어 조금이라도 더 멀리 왔었음에 흔적을 남기려고 한다. 어떤 파도는 성공하여 다른 파도가 이루지 못한 자취를 모래 위에 크게 남겨놓기도 하고 그러나 대부분의 파도가 남긴 모래 위의 흔적이 금세 다른 파도에 의해 곧 지워지곤 하였다.

오랜만에 바다의 냄새를 맡고 파도소리를 듣고 있으니 바닷가에 나가 모래성을 쌓고 허무는 놀이로 재미있어하던 유년시설, 니체의 염세주의에 빠져 바닷가를 거닐며 온갖 고상한 척을 하던 문학소녀시절에 바다와 함께했던 추억들이 생생하게 되살아났다. 유년의 기억 위에 학창시절의 추억이 밀려와 지워지고 결국은 친구들과 함께했던 추억이 가장 오래 남았지만 한 차례 물결이 일고 그 물결은 파도가 되어 모래 위에, 자취만을 남기고 다른 파도에 의해 덮어져 모래 속으로 스며들며 거품이 되어버린 것이다.

나는 바다를 참 좋아했다. 바다 속에는 온갖 것들이 다 들어 있다. 이루지 못한 사랑의 눈물도 있고 술 취한 사람의 통곡도 섞여 있으며 갈매기의 울음도 있다. 또한 분노한 사람의 욕설과 외침도 들어있고 재가 되어 뿌려진 친구의 넋도 들어 있다. 바다는 그 온갖 것들을 마다하지 않고 큰 가슴을 열어 너그럽게 감싸 않은 채 싫은 내색 없이 자신의 색을 잃지 않고 푸른 바다의 모습을 보여주며 출렁이고 있다.

그 모든 것들을 담고 있으면서도 저리도 푸를 수 있다니! 얼마나 감동적인가! 나는 칠순의 나이를 살고도 아직도 내 삶 속에 밀물처럼 밀려오는 감정의 파도를 너그럽게 포용하지 못한 작은 가슴으로 살아가고 있는 사람이다. 침묵한 저 푸른 바다의 모습은 깨달음으로 다시 나를 깨어나게 한다.

그래서 어느 시인은 "누구나 하나씩은 자기만의 바닷가가 있는 게 좋다"고 했다. 나도 바다처럼 살고 싶다. 짧은 여행이었지만 언제나 바다를 바라보면 마음이 푸근해지고 무엇인가 모를 마음속의 응어리를 풀어온 듯 편안하다. 작은 옹달샘에서 시작한 내 인생도 강을 지나 이제 바다에 머무르고 있다.

아직도 때로는 감정의 파도에 흔들리지만 모든 것을 정화하고 언제나 푸른색을 유지하는 넓은 바다처럼 많은 것을 포용하는 큰 가슴을 가진 사람으로 푸른 삶을 살고 싶다.

# 비 내리는 창가에서

좀처럼 비가 오지 않는 캘거리의 7월인데, 요 며칠 비가 내려 창가에 부딪치는 빗방울들이 기억의 간을 간간하게 한다. 이민을 오기 전 어쩌면 마지막일지도 모른다는 막연한 생각에 그 동안 못 가본 곳을 여기저기 여행을 다녔던 기억이 있다. 그날은 지인들과 함께 목포에서 홍도로 가는 여행이었다.

출발할 때는 좋았던 날씨가 조금 지나자 하늘이 어두워지더니 조금씩 빗방울이 섞인 바다 바람이 불었고 소금기를 잔뜩 머금은 바람이 내 볼을 스치며 지나는 것이 눅눅하였지만 오랜만에 보는 탁 뜨인 바다와 뱃머리에 철썩대며 부서지는 파도의 노래 소리가 바다여행의 묘미를 살리며 고독한 척 멋을 부리기에 더욱더 좋았다.

물보라를 일으키며 쉼 없이 바다를 가르는 배와 너울대는 파도의 노래 소리에 맞추어 갈매기들은 하늘을 수놓고 있었고 우리가 살아가면서 만나게 되는 작은 사건들은 인생을 더욱더 깊이 있고 성찰하게 하는 것처럼 스치듯 지나가는 작은 섬이 있어 바다는 더욱더 장엄하고 아름다워 보였다.

언제부터인지 누군가 나와 같은 방향을 바라보며 나와 비슷한 생각에 잠겨있는지 우리는 서로가 같은 장소에 서있다는 것조차 느끼지 못할 만큼 바다에 매료되어 있었다. 그때 갈매기 한 마리가 갑판 위에 앉아서 던져준 새우깡을 먹다 푸드덕 날아가는 바람에 우리는 서로 눈이 마주쳤다.

그랬다. 전혀 예상치도 않았던 친구를 만난 것이다. 그것도 십 수 년이 훌쩍 넘는 시간에 우연히 같은 배 안에서 만난 것이다. 그녀는 부잣집 딸이었고 자존심 강하기로 유명한 여고 동창이었다.

살면서 간간이 그녀가 생각이 났고 어찌 사는지 궁금하였지만 서로 바쁘다 보니 그저 생각에만 머물 뿐 행동으로 옮기지는 못하였다. 예상치 못한 만남이라 사춘기를 함께 보냈던 친구와 평범한 인사를 나누는 것조차 수월하지 않았다. 또 서로 시들어 가는 모습에 그 동안 격조의 세월에 마음을 터놓기가 쉽지 않았다.

그러는 동안에 배는 어느새 홍도에 도착하여 한적한 바닷가 선착장에 배가 닿았다. 함께한 지인들에게 양해를 구하고 그녀와의 시간을 가지게 되었다. 방금 바다에서 건져올린 싱싱한 해물을 맛보라며 손을 끌어당기는 식당이라고 이름할 것도 없는 노천식당의 간이 의자가 놓여진 곳 그 의자에는 우리만 앉았다. 종일 앉을 사람을 기다리다 겨우 온기만을 느끼고 떠나보내야 하는 의자의 외로움이 그곳에 고여 있었고 그 의자는 얼마나 많은 사람들의 이야기를 하염없이 들어 왔을까?

비릿한 바다 냄새가 빗방울에 실려 왔다. 학창시절 그녀에게 지기 싫어서 안간힘으로 버티어내던 시간들이 생각이 났다. 성적은 내가 조금 앞서 있었지만 그녀는 돈 많은 부잣집 딸답게 서울로 유학을 갔었고 그 후 대학을 졸업하고 지방대학에서 후학을 가르쳤다며 털어놓는 그녀의 이야기는 길게 이어지고 있었다.

좁은 자취방에서 박사 공부를 하느라고 밤을 새운 일이며 전문인과 가정이라는 두 끈을 잡고 우왕좌왕 살았던 이야기들 지난날의 열정과 고난이 그녀의 입을 통해 줄줄 흘러나왔다. 나는 부러웠던 그녀에게서 연민이 느껴졌다.

박사과정의 공부가 얼마나 힘들고 외로웠을까? 또 그것을 끝내면 힘든 만큼의 화려한 영광이 기다리고 있을 것이라 생각했을 것인데 가르치던 대학도 그만두고 집에서 소일하는 그녀에게 육십이 넘으면서 찾아온 상실감과 소외감을 어쩌지 못하여 떠나온 여행이라고 하였다.

젊은 시절 달콤한 가정을 꿈꾸었으나 이미 장성해 독립한 자식과 서로의 전공분야에 몰두하다 보니 간섭 없는 생활에 익숙해진 그들은 부부가 함께 라는 것이 오히려 낯설다고 했다. 돈도 명예도 젊음도 빛을 잃고 있었던 것이다. 이제는 식구(食口)들에게도 소외된 것이 가장 못 견디는 학대로 이해되고 있다고 말했다. 한껏 치장한 그녀의 말을 듣고 있노라니 섬뜩하리만치

서늘한 무채색의 고독이 내게로 번져왔다.

산다는 것은 무엇일까? 삶은 생각 속에서 만들어지는 연극이란 생각이 든다. 생의 마지막을 종점으로 잡았을 때 지금 나는 어디쯤 와 있는 것 일까? 열심히 앞만 보고 달렸는데 발 빠른 고독은 언제나 먼저 와서 나를 기다리고 있었다. 삶이란 허전함을 기본으로 색칠되어 있는 것은 아닐지 가끔 기쁨이란 꽃이 피어 노래하다가 지기는 하지만, 사람은 누구나 가슴 깊숙이 들여다보면 그런 허무함은 가지고 있을 것 이라는 생각이 든다.

그 허무를 딛고 의연하게 살고 있을 뿐이다. 이처럼 인생은 과정의 연속이다. 누군가 '죽음이야 말로 생의 완성이다'라고 하였다. 자신의 인생은 오직 자신만이 홀로 걸어가야 하는 길인 것을…….

우연히 만났지만 우리는 서로에게 따스함을 확인하고 위안을 받고 싶었는지도 모른다. 옛날 친구에게 가졌던 경계의 마음을 버리고 따뜻한 위안을 주고 싶었다. 푸르기만 했던 학창시절로 돌아가 희망의 불씨를 다시 피우고 싶었지만 중년을 맞이한 그녀는 외로웠던 생활들이 그녀의 정서를 메마르게 하였는지 토해내는 말들은 내 가슴에 사막처럼 건조하게 느껴졌다.

어서 배를 타라는 소리에 우리는 다시 뱃머리로 돌아와 뱃전에서 바라보는 갈매기의 몸짓들이 아까와는 다르게 보였다. 힘찬 날갯짓은 날지 않으면 바다로 떨어진다는 생의 절박함으로 끼룩거리는 듯하였고 파도는 어깨를 들썩이며 흐느끼는 것 같았다. 처음 출발하던 때와는 전혀 다른 시선으로 느껴지는 것이 어쩌면 그녀의 우울함이 전해졌기 때문인지도 모른다. 목포항이 가까워지자 친구와 나는 손을 꼭 잡았다. 서로를 읽어 낸 우리는 상대를 위로한다고 전한 말이 어쩌면 스스로를 위안하는 말이었는지도 모른다.

그녀에게 연락처를 물어보니 눈물만 보일 뿐 무응답이었다. 서울로 돌아오는 길에 달리는 차 속에서 나는 눈을 감고 생각해 보았다. 우리의 인생은 아무도 모르는 일 자존심 강한 그녀가 자기의 삶을 솔직하게 전부 털어놓지는 않았지만 전해지는 그녀의 우울함이 행복한 삶은 아닌 것 같아서 돌아서는 그녀의 뒷모습이 오늘처럼 비가 오는 날이면 애틋하게 기억 속에서 걸어 나와 추억하게 한다.

“지금은 어디서 무엇을 할까?”

“그녀는 살아 있을까?”

다른 것은 접어두고 부디 건강하여 여행도 다니고 가고 싶은 곳을 마음대로 다닐 수 있기를 그녀를 위해 기도해보는 아침이다.

# 빨래터의 추억

"해 저문 소양강에 황혼 이지면……."

다 잊은 술 알았던 노래가 가요무대에서 흘러나오자 나도 모르게 흥얼거리며 따라 부르고 있다. 45년 전쯤일까! 남편의 근무지를 따라서 강원도 춘천의 소양강 근처에 잠시 살았던 적이 있었다. 그때 소양강은 겨울은 겨울대로 겨울낚시하는 재미가 있었고 여름이면 천둥벌거숭이 아이들이 멱을 감거나 물장구를 치기도 하고 봄이면 아낙네들은 삼삼오오 빨래를 들고 소양강 빨래터로 빨래를 하러 다니곤 하였다.

하루는 옆집 사는 아주머니께서 오늘 우리 소양강에 빨래하러 가자는 말에 빨래 몇 가지를 들고 처음으로 소양강 빨래터에 가게 되었다. 빨래터에는 매끈하고 널찍한 돌을 한 줄로 줄지어놓고 이미 먼저 온 아낙네들은 서로 누구랄 것도 없이 장단을 맞추어 빨래방망이를 두드리고 있었다. 나도 그 옆에 앉아서 함께 흐르는 강물에 세탁을 하고 돈을 20원을 주면 양잿물을 넣고 빨래를 삶아주는데 백옥같이 깨끗하게 되어서 그만해도 얼마나 편안한지……

그 시절 나는 집안에서 수돗물을 큰 물통에 받아놓고 바가지로 물을 퍼내어 아이들의 옷과 남편의 근무복을 세탁비누로 칠하고 빨래판에 문질러서 헹구고 또 헹구면서 빨래를 하였는데 그날 이후 모아두었던 빨래를 일주일에 한 번씩 머리에 이고서 소양강 빨래터로 향하게 되었다.

하루는 자리를 잡고 한참 빨래를 하는데 옆에 앉아서 빨래를 하던 아주머니가 지난밤에 무슨 일이 있었는지 남편의 옷가지를 빨래방망이로 얼마나 세게 두드리는지 옷에 구멍이 나는 줄도 모르고 신나게 두들기고 있었다. 빨래방망이 소리에 비례하여 수다소리와 스트레스는 입가에 웃음으로 번져나가고 결국 그 옷은 쓰레기통에 던져지고 말았지만…

그렇게 그 시절의 아낙들은 빨래터에서 더러워진 옷만 세탁을 하는 것이 아니라 온갖 세상살이의 고충과 시집살이, 남편의 볼멘소리들을 흐르는 강물에 흘려보내고 마음을 씻고 가는 것이었다. 한참을 수다를 떨던 아낙들은 자갈밭에 늘어두었던 빨래가 마르면 가지런히 개켜서 광주리에 담아 각자의 집으로 돌아가면서 다음 만남을 약속하기도 하고 그렇게 빨래터에서 나이 많으신 아주머니에게서 인생경험을 듣기도 하고 같은 또래 새댁들끼리 수다도 하던 소양강 빨래터가 춘천생활의 기억으로 남아있다.

지금은 손빨래를 대신하는 세탁기가 나와서 세탁기에 의존하고 있지만 썩 마음에 들지 않는다. 나는 아직도 구시대를 살고 있는 사람인지 빨래판이 그립고 양잿물이든 빨래비누도 아쉽다. 좁은 세탁 방에서 소매 끝이나 목둘레에 약품을 문지르고 표백제를 쓰는 일이 결코 좋은 방법이라고 생각되지 않는다. 물론 손빨래를 할 때는 허리가 아프고 다리가 후들거리기도 하였지만 넓은 강기슭의 노천 빨래터는 얼마나 낭만적이고 삶의 이야기들이 녹아 있었는지 친구랑 장단을 맞추며 펑펑해지라고 방망이질하고 물을 튕겨도 탈이 없던 빨래터가 새삼스럽게 그리워진다.

요즘 젊은 여자들에게 그때의 낭만적이고 인간미 넘치던 빨래터의 이야기를 하면 이해를 할까? 지금은 고도의 문명으로 단추만 누르면 세탁이 되고 그 자리에서 건조기에 넣으면 옷이 금방 말라서 나오니 낭만보다도 그 힘듦에 아무도 하지 않을 것이지만……. 흐르는 강물에 빨래를 할 때는 엄마의 정성으로 세탁된 옷을 입은 아이들은 지금보다 더 인간미 넘치는 사람으로 착한 마음씨를 지녔던 것 같다.

기계문명이 발달하고 생활이 빨라지면서 모든 것이 다 좋아지기만 한 것은 아니라는 생각이 든다. 어찌 보면 필요 이상으로 주거문화가 편리해져서 그나마 거실에 티브이가 한 대 있을 때는 가족이 한 장소에 모이기도 하였지만 이제는 각자의 방에 컴퓨터로 뉴스를 보고 전자기계의 홍수로 가족 간의 대화가 단절되어 가고 있다. 그러나 그 시절에는 가사노동에서 오는 힘듦도 있었지만, 가족 간의 의사소통은 더 원활히 잘되었던 것 같다.

지금 생각하니 어디에서 힘이 솟았는지 광목으로 된 큰 이불 호청을 삶아서 눈이 부시도록 만들어 이마에 땀이 나도록 다리미질을 했다. 힘은 들었지만 식구들이 깨끗한 이불을 덮고 잠자리에 들 생각하면 무엇인가 내가 해냈구나 하는 자부심, 아! 이것이 여자의 행복이 아닐까라는 생각들을……. 지금의 엄마들은 아이들의 손을 잡고 피자집에서 피자를 사주고 CD, 게임기를 하나 더 사주면서 그 옛날 내가 느꼈던 그 뿌듯함을 과연 느낄까? 물어보고 싶다.

필요 이상으로 간편해진 주거문화는 부모의 정이 자식에게 전달되는데 방해가 되는 것 같기도 하고 육체적 가사노동에서는 조금 풀려나기는 했으나 정신적으로 아이들에 대한 위기의식은 그때보다 훨씬 더 한 것 같다. 요즘 젊은 부모들은 자식을 기르기 힘들다는 비명을 지르는데 아이들과 김밥이라도 함께 만들어보고 새로 나온 노래를 같이 배우고 가족은 함께 뒹굴고 같은 식탁에서 얼굴을 마주보고 하는 시간이 많아야 된다고 말해주고 싶다.

잘 차려 입은 가수가 무대에서 아직도 "해 저문 소양강에 황혼이지면……." 노래를 부르고 있고 그 옛날 소양강 빨래터에서 방망이로 펑펑 내려치며 수다를 하던 그때 만났던 애기 엄마들은 어디에서 무엇을 하고 지내는지 갑자기 안부가 궁금해지는 저녁이다.

# 남편의 팔순을 축하드리며

"여보, 팔순 생일을 축하해요."

함께한 시간이 어느덧 반세기 되돌아보면 아쉬움의 흔적들이 군데군데 남지만 늘 모자라 속 대웠던 신림동 살림살이 30여년 ……. 월남으로 가고 난 후 아침저녁 애간장 태우며 기다렸던 시간들 지금도 꿈을 꾸면 그 때 일은 진땀이 흐른다오.

이제 아이들 홀로서기하고 황혼을 바라보며 무엇을 더 바랄까 그저 당신 건강하시고 아침저녁 담소하며 저녁에 무엇을 먹을까 신문에는 누구 글이 실렸나 궁금해하며 살아요. 살면서 큰 고난 없이 삶의 능선을 굽이굽이 넘어 여기까지 온 것은 모두다 당신과 함께였기에 가슴이 따뜻한 당신 덕분이란 걸 말하고 싶다오.

이제는 더 잘해주고 싶어도
손발이 마음대로 움직여주지도 않고
바늘귀 어두워 한 땀 한 땀 설빔 짓던 옛 솜씨도
다 지난 일이 되고 말았네
그러나 생이 고달프다 한들 두렵지 않다오

당신 80평생에 나와 함께한 시간이 오십두 해
이것도 쉽지 않은 축복이라면 축복이라 생각하오
우리 두 손 꼭 잡고 지구별 소풍 끝내는 날까지 웃으며 삽시다
여보 당신 마누라가
진심으로 팔순 생일을 축하 하는걸 잊지 마오

– 당신의 자해가 팔순을 축하드리며 –

# 한 해를 지우며

12년 끝자락에서서 또 한 해가 저물어 가는구나! 이맘때면 제일먼저 생각나는 것은 고마운 사람들, 아름다운 만남, 가슴아 팠던 사연이다. 내게 닥쳤던 모든 것들이 과거로 묻혀지려 한다. 좋았던 일들만 기억하고자 스스로에게 다짐해도 한 해의 끝자락에 서면 늘 회한이 먼저 가슴을 메운다. 돌아서는 이 해는 우리 곁을 떠나 다시는 만날 수 없는 역사의 그늘 속으로 묻혀가고 있다. 마치 이별하는 친구의 뒷모습처럼 쓸쓸하기 만하다.

거리를 나서면 집집마다 걸려있는 형형색색의 크리스마스트리를 보면 이방인들의 마음은 또한 쓸쓸한 회한을 느끼고 사람들의 마음은 더욱 춥기만 하다. 새해를 맞아 계획했던 일을 마무리하는 사람들이 과연 얼마나 될까마는 꼭 해야 했던 일 하고 싶었던 일은 반도 못했는데 한해 는 이렇듯 덧없이 사라져가는구나!

올해는 유난히도 다른 해보다 빠른 것 같다. 빠른 세월이 원망스럽기도 하고 초조하고 후회스러워지는 것은 나이를 먹는다는 생각과 함께 이루지 못한 계획 지키지 못한 약속, 자신에게 주어진 몫은 충실히 감당해내지 못했다는 죄책감 때문일 것이다.

나는 올 한 해는 무엇보다도 내 사랑하는 사람들에게 많은 빚을 진 것 같다. 건강 문제로 웃고 마음 편할 일이 없었고, 정신적으로 많이 괴롭고 마음 편한 날보다 짜증스럽고 곤욕스러운 일들이 많아서 다정한 사람들에게 카드 한 장 보내지 못하고 세모의 끝자락에서 느끼는 마음은 누구나 비슷한 생각일 것이다. 한 해의 끝자락에서면 내가 받은 사랑의 부채를 갚지 못한 채 또 한 해가 지나간다는 것이 더욱 나를 슬프게 한다.

올해 신년 초에는 새로운 마음가짐과 나름대로 좋은 작품 써야겠다는 계획도 세우고 한 해 동안 하고 싶은 일들을 노트에 까맣게 적어 넣으며 실천의 각오를 단단히 했었는데 세모에 들어다보니 세운 계획들은 시간이지나 갈수록 물거품이 되고 시작부터 점점 미완성의 것들이 되어버린다.

어쩌면 이렇듯 무능하고 성실하지 못한 자신을 자책도 하고 실천하지 못할 것들을 적어놓고 괜스레 마음만 애태우고 있다.

생각하면 억울한 생각도 들지만 세상 사람들이 하고 싶은 일 다 하고 생을 마치는 사람들이 얼마나 있을까 싶다. 우리는 종종 메스컴이니 이웃을 통해 보면서 뜻을 세우고 사회를 위해 또는 이웃을 위해 많은 일을 하며 헌신하던 사람들이 한순간에 흙으로 재로 돌아가는 최후의 모습을 접할 때가 있다.

인간은 어차피 제한된 시간을 살다간다는 인생인 것이다. 몇백 년 살 것처럼 계획을 세우고 그 목표를 위해 열심히 살지만 결국은 빈손으로 생을 마감하는 미완성의 인생임을 여실히 보여주는 것이다. '인생은 미완성'이라는 노랫말처럼 그 노래가

이 세모를 지나는 나의 가슴에 절절히 파고든다. 정말 그렇다. 이 한 해를 살아오는 동안 우리는 다 못다 한 일, 다 못한 사랑, 못다 한 뜻을 이 노래의 가사처럼 미완성이 되었지만 서로 기대어 살고 모여 살고 있는 우리들은 그래도  즐겁고 따뜻했고 보람이 있는 한 해였다고 생각한다.

이제 제야의 소리가 울릴 것이다. 그 종소리는 결코 끝을 미하는 아니다 어둠을 깨고 새로운 광명의 새벽이 오는 것을 알려주는 힘 있는 함성이고 새롭게 다시 시작하라는 격려의 박수이다. 우리네 인생은 비록 미완성일지라도 슬퍼하지 말고 절망하지 말고 우리들이 다시 해야 할 일을 설계하며 아름답게 그리고 곱게 새기며 웃음으로 이 한 해를 떠나보내야 할 것이다.

# 경인년 한해를 마무리하면서

아쉬움 속에 저물어가는 2010년은 나에게는 이루지 못한 꿈을 이루었고 반면에 고통과 시련도 함께한 한해였습니다.

세월의 수레는 빠르기도 하다

송구영신 카드를 보내던 날이 어제만 같은데 2월도 저물어 가고 있다.

한해를 마무리 하는 12월 다운타운의 밤은 깊어만 가는데 스산한 겨울바람이 오가는 행인들의 옷깃을 여미고 어젯밤에 내린 눈은 높은 빌딩의 지붕마다 하얀 이불을 덮어놓았다.

언제나 살고 난 자리에는 회오의 바람이 불지만 마지막 잎새처럼 매달린 한 장의 카렌다를 바라보는 마지막 장은 지난 인생의 삶을 뒤돌아보게 한다.

마지막 달 12월이 되면 매년 반복되는 회한에 가슴앓이를 하게 된다. 하늘에 떠있는 구름 속에 가려진 희망을 찾아서 마음의 여행을 떠나본다.

10년 전 이맘때면 집집마다 세워놓은 크리스마스 추리를 보며 조국을 떠나온 이방인의 신세가내 마음을 적셨다.

무심한 시간은 세월이라는 수레를 타고 멈출 줄 모르고 달려가는데 희로애락에 뒤범벅되어 사람들의 삶은 달려가는 세월에 밀려 황혼에 머무르는 나 또한 끈끈한 정을 못 잊어 까맣게 멍이던 가슴에도 가는 세월에 씻기어 간다. 세월이 약이라더니 그 말이 정답 이였다. 한 해가가고 또 한해를 맞이하는 세월이 이민생활 10년을 마무리하는 해의 12월 뒤 돌아보니 나에게는 기쁜 일이 많았지만 지울 수 없는 마음의 상처도 있다. 묵은해를 보내는 사람들의 마음은 좀 더 희망 적인 삶을 기대하면서 또 한 해를 맞이할 것이다.

# 부록

# 믿어주면 행복해진다

이 진 종

"인암님, 초대글 좀 부탁해요!"

캘거리문인협회 회원인 자해님께서 두 번째 수필집을 발간한다며 초대의 글을 부탁하셨다.

어떤 글을 써야 할까 곰곰이 생각하다가 "아하! 맞아, 몇 해 전 자해님의 결혼기념일 이 50주년이 지났지!"하며 진정한 '부부의 길'에 대하여 초안을 잡기로 했다. 자해님의 신실한 삶을 지켜보면서 비익조와 비교해본다. 신이 인간에게 내린 부부의 사랑을 함께 나누며 풍성한 기쁨이 가득하길 간절히 소망해본다. 두 번째 시집 발간을 진심으로 축하한다.

'벼는 익을수록 고개를 숙인다'고 했는데, 미성숙한 사람일수록 어떤 일에든 욕심이 앞서게 마련이다. 그래서 자기를 드러내는 경향이 강하다. 그리고 자꾸 부딪힌다. 인생을 오래 살다

보면 그러한 욕심도 차츰 없어지게 된다. 오래 전 개그 작가로 유명세를 떨쳤던 김경태 장로님께서 작고하시기 전에 지인들에게 일일이 전화를 걸어 '혹 자신의 허물이 있거든 용서해 달라.'고 했다는 얘기를 들었다. 나이가 들면 물질욕, 권력욕, 명예욕도 안개와 같이 금방 사라지는 하잘것없는 것임을 깨닫게 된다. 그래서 '인생칠십고래희(人生七十古來稀)'이라 했다. 사람이 일흔 살까지 살기란 예로부터 드문 일이란 말로 두보의 시 「곡강(曲江)」에 나오는 말이다. 나이 70이 넘으니 인격이 성숙해진다는 뜻일 게다.

요즘은 부부의 연을 맺어도 쉽게 갈라지는 세상이 되었다. 부부의 길을 알지 못하고 결혼을 하니 그럴 만도 하다. 지난달 결혼예비학교 강의를 한 적이 있다. 남녀의 본래의 성격과 특징이 다르다는 것과 어떻게 해야 행복한 부부의 삶을 살지 함께 그 고민을 나누었었다. 중요한 것은 남녀가 서로 다름을 인정하는 것이다. 의견이 다른 것은 틀린 것이 아니라 그저 다를 뿐이라는 것을 서로 인정해 주면 된다. 전문가에 의하면 남자는 '시각적 결과 목적 지향적'이고 여자는 '청각적 감정 관계

지향적'이기에 본래부터 남녀의 뇌의 구조가 다르다고 한다. 다른 혹성에서 왔기에 생각하고 말하고 행동하는 방식이 당연히 다를 수밖에 없다는 것이다. 그것을 알지 못하니 자주 다투는 것이 아닐까? 부부는 원래 '다름을 아는 것'이 행복의 출발점이다.

또한 부부는 바른 대화법을 배워야 한다. 이른바 "동문서답" 하는 경우가 많다. 필자도 어제 봉 하나 구입하자며 월마트를 갔었다. '시간은 계속 지나가는데…….' 얼마나 의견이 첨예하게 대립하는지! 나중에 아내에게 일임해버렸다. 그때서야 맘이 편했다. 바른 대화는 상대방의 마음을 이해하고 용납하는 것이다. 나의 생각을 포기하고 내려놓는 것이다. 괜히 쓸 데 없는 고집 부려봤자 허세에 불과하다. 괜한 오해가 불러일으킨다. 부부의 갈등을 미연에 방지하는 것은 간단하다. "당신이 알아서 해! 난 당신을 믿어!"하고 믿어주면 행복해진다. 신뢰감이 싹튼다.

부부는 원래 무촌(無寸)이다. 촌수가 없다는 것은 그만큼 가장 가깝다는 동시에 이혼하면 가장 먼 사이가 된다는 의미일 게다. 부부가 한평생 살아가면서 아무렴 부부싸움 한 번 하지 않을 수가 있을까? 사람은 원래 싸우면서 정이 든다는 얘기가 있다. 결혼생활을 하다 보면 크고 작은 일로 의견 차이가 나고 대립 각을 새우게 된다. 미운 정, 고운 정이 모두 들다 보니 나중에 서로 불쌍히 여기고 용납하고 감싸주는 단계에 이르기까지 수십 년이 소요되기도 한다.

부부는 함께 걷는 것, 손을 잡고 보폭을 맞추는 것이다. 가끔 길을 걷다 보면 '손을 잡고 팔짱을 끼고 함께 걷는 사람'을 보곤 한다. 얼마나 아름다워 보이는지 모른다. "아! 솔직히 부럽다"는 느낌이다. 누군가 '부러우면 지는 것'이라고 했지! 한국 사람들, 특히 나이 든 사람들의 경우, 한 사람은 앞서가고 한 사람은 뒤에 치져 따라가는 참으로 '이상한 현상'을 자주 보곤 한다. 보기에 안쓰럽다. 진정한 부부란 함께 걷는 것이다. 따로 국밥이 아니다. 부부란 같은 방향을 바라보고 함께 걷는 것이다.

부부는 '거울' 또는 '메아리'와 같다. 거울 속을 쳐다보면 똑같은 사람이 언제나 나타나게 마련이다. 거울을 보고, '난 너를 사랑해!'하고 한 번 고백해보자! 또한 산에 올라 "내가 너를 사랑해!"하고 외치면 저쪽 편에서도 나에게 "내가 너를 사랑해"라는 말이 들린다. 부부는 서로 다르지 않다. 한 몸이라고 한다. 불안전한 반쪽과 반쪽이 만나 완전함을 이루는 것이다. 서로의 허물을 드러내는 것이 아니라 살면서 알게 되는 그 허물을 감춰주는 게 진정한 사랑이고 부부의 길이다. 내가 상대방을 미워하면 상대방도 나를 미워하고 내가 배우자를 사랑하면 배우자도 나를 사랑하는 법. 결국 내가 하기 나름이다. 내가 상대방을 용납하면 할수록 더욱 친밀감이 들고 성숙한 사랑의 경지에 이르게 된다. 그래서 진짜 사랑하는 부부는 살면서 서로 닮는다고 한다.

비익조의 이야기가 있다. 태어날 때부터 한 쪽 날개가 없이 태어난 새는 혼자서는 날 수가 없다. 아무리 꿈을 꾸어도 날 수가 없다. 아무리 나는 연습을 해도 불가능하다. 사랑을 하게 되면 저절로 날게 된다. "흔들리지 않고 피는 꽃이 어디 있으랴!" 도종환 씨 시의 일부분이다. 아픔과 과정은 누구에게나 있게 마련이다. 그 모든 상황을 배우자 탓하고 비난만 한다면 미련한 사람이 아닌가? 불행을 자초할 뿐이다. 자신의 들보를 바라보지 못하고 상대방의 작은 허물만 탓하는 격이다. 서로의 아픔을 만져주고 위로해주는 삶이 진정 부부의 길이다.

부부의 행복은 생각하기 나름이다. 또한 '표현하기'에 달려있다. 즉 행복을 꿈꾸며 행복을 생각하는데 그치지 않고 배우자에게 그 사랑의 마음을 언어로 표현하고 선물로 표현하고 스킨십으로 표현하게 되면 사랑의 엔도르핀, 행복의 도파민이 솟아나게 된다.

두 번째 수필집 출판을 축하드리며 이 진 종 목사

# 정情

- 자해 여사님의 두 번째 수필집 상재에 붙여

## 민초 이유식 시인

여기 사랑과 정열의 씨앗들이 모여 있는 자해 여사님의 억새 같은 흔들림의 숨소리가 들려오네. 나는 빌고 빌며 건승과 값진 삶의 영유를 위하여 기도하네.

파아란 하늘에 닿으며 끝없는 지평선의 불사조가 되어 날아가는 한 마리의 새를 보며 내 가슴 속에 남은 마지막 문우의 정과 그리움의 여운을 심어 그 아늑하고 자상한 눈동자 위에 영원불멸의 문향의 꽃을 피어내시라 빌어 보네.

아, 아름답고 귀하디귀한 수필의 향내여 세월이 흘러 불타고 남은 잿더미 위에서도 고귀하게 피어날 꽃이여 그 정성 그 정열 누가 있어 님을 본받고 배울 수 있으려나.

님의 진솔한 문학의 정열은 맑고 맑은 로키의 오미호 속에 깊이 잠들어서 후학을 격려하며 사람냄새 풍겨주는 따스한 사랑으로 남아 있기에 그 우뚝함은 해와 달과 같으리.

청잣빛 문학 속의 광음은 양심 속에서 흘러나오는 신념의 노래, 억만의 숨소리를 담아내며 후학들을 격려하니 그 성근 씨앗이 모여 모자이크한 파도로 춤추는데 뉘 있어 그 고귀한 문향에 씨를 뿌리리.

님이시여, 이방에 뿌려지는 숨은 멈추어도 님의 온정과 문향의 냄새는 여름 소나기처럼 쏟아져 후학들의 삶과 이민문학과 민족의 정체성 앙양에 영원한 빛으로 남으리.

자해여사님이 두 번째 수필집을 출간 하신다며 무엇이고 글을 써달라 하신다. 우리가 인연을 맺은 지도 10년이 되었고 그간 사귀어 온 정은 말로 표현키 어려워도 막상 수필집 상재에 따른 축하 글을 쓰고자 하니 무슨 말로 님의 문향을 표현해야 할지 가슴이 먹먹하고 두려움이 앞을 선다.

근래에는 모든 면에서 초연히 있는 듯 없는 듯 살아갈려는 내 생활이 문협 활동도 하지 않고 더구나 자신의 글을 쓰고자 하는 노력도 하지 않고 있다. 또한 책 한권도 변변히 읽은 것이 없이 필을 들고 보니 할 말은 많아도 말을 못하는 벙어리가 된 것이 나의 변이다.

이렇게 살아가는 내 생활도 모든 것 비우고 나니 새로운 삶의 맛도 있다는 생각을 하며 무엇인가 님에 대한 글을 쓰고자 첫 수필집 『설한에서 피어난 꽃』을 정독을 하며 위와 같은 님의 문향과 사람냄새 나는 삶을 음미하며 '정'이란 산문 시 한 편을 피력해보았다.

시고 수필이고 내 마음에 드는 작품을 한편도 써 보지 못한 내가 님의 수필을 평하면 큰 우를 범함이 분명하다. 어설픈 소견이겠지만 수필의 문학성은 감동 그 자체이며 삶의 기록이므로 관찰과 체험한 사회 현상을 현실 직시의 사고와 언어로 탐미하고 이에 독자들이 공감을 한다면 아주 좋은 수필이 아닐까 하는 생각을 해본다.

님이 뒤늦게 아들과 손자, 손녀들을 보고파 캐나다로 이민

짐을 꾸리면서 생각하신 것, 첫째는 한국 사람의 명예를 더럽히지 않으며 둘째는 캐나다 시민으로서 캐나다의 법을 준수하며 셋째는 님의 건강을 잘 지킨다고 다짐하는 글을 쓴 것을 읽은 적이 있다.

어느 누구나 생각할 수 없는 고결한 생각이 아닐까. 흔히들 자녀 교육을 위하여 사회 보장제도 가 잘되어 있는 나라에서 사람이 사람대접 받으면서 살아가며 내 의지대로 살아가기를 원해서 캐나다 땅을 찾는 예가 많다. 나 자신도 이러한 사고가 있었을 진데 님의 사고는 의젓하고 우뚝 선 대의명분을 가지고 캐나다로 오셨음도 우리 모두의 귀감이 될 수 있다는 마음이다.

여기에 님의 인간미 나는 삶은 훌륭한 처세와 좋은 인간관계에 있음을 빼놓을 수 없을 것 같다.

예컨대 카네기 공대의 조사에 의하면 성공한 만 명의 사회저명인사는 하나같이 성공의 비결은 좋은 인간관계로 겸양과 지혜로운 삶을 살아감에 있다는 보고서를 읽은 적이 있다.

님의 다정다감하고 진솔한 인간관계를 재조명 음미하며 그

따사로움과 알뜰살뜰한 마음을 다시 되새김해 본다. 나 같이 현실 감각이 둔감하고 우직한 성품의 소유자는 님에게서 많은 것을 배워야 한다는 각오를 해본다.

건강치 못한 몸으로 두 번째 문집을 상재함을 진심으로 축하와 경의를 드리며 글을 쓰실 수 있는 여건 마련에 노심초사하시는 부군이신 정인화 선생님의 부부애는 우리 인생이 살아가는데 큰 구도를 암시해주시고 있다.

건강이 허락하는 한 제3집의 문집이 출간되기를 기대하며 자손만대에 보고로 남을 이 문집의 출간을 제삼 축하하며 필을 놓는다.

# 주님의 섬세한 돌보심과 위로부터의 평강이 넘치시기를

오 혜 정

사랑하는 자해님의 두 번째 귀한 책의 탄생을 진심으로 축하드립니다.

캘거리 겨울의 짧은 양광에 앉아 또박또박 써내려가셨을 자해님 특유의 단아한 모습이 그려집니다.

자해님의 글들은 늘 고소한 기름 같은 향기가 있고 진솔하며 그러면서도 보석 같은 깨우침 들이 녹아 있음을 압니다.

모진 칼바람 같은 이민 생활 속에서 자해님과 함께 기쁨과 아픔의 언덕을 넘어온 지 어언 10년이라는 세월이 흘렀습니다.

날씨만 어지간하면 자해님은 김이 모락모락 나는 찐 고구마를 앞세우시고 때로는 물김치, 삶은 달걀, 곰탕이며 부침개며…….

정성껏 준비하신 사랑의 음식들을 저의 가게로 가져오셨습니다.

커피와 함께 음식을 나누어 먹으며 우리는 두텁고 돈독한 아름다운 우정을 가꾸어왔습니다.

그러기에 이 책이 더욱 반갑고 귀하게 다가옵니다.

사위가 어둑할수록 따스한 집안에서는 더욱 안도감이 더해지는 것처럼 자해님의 일상에 주님의 섬세한 돌보심과 위로부터의 평강이 넘치시기를 기도하렵니다.

축복합니다.

그리고, 사랑합니다.

다향 오혜정 올림.

김복례 수필집
# 봄바람에 띄우는 편지

초판 인쇄일 2013년 4월 10일
초판 발행일 2013년 4월 15일

지은이 : 김복례
발행인 : 김순진
주 간 : 지성찬
부주간 : 권순진, 임영석
편집장 : 전명숙
디자인 : 김초롱
발행처 : 도서출판 문학공원
등 록 : 2004년 3월 9일 제6-706호
주 소 : (우편번호 130-814)서울 동대문구 난계로 26길 17호
삼우빌딩 C동 302호 스토리문학사
전 화 : 02-2234-1666
팩 스 : 02-2236-1666
홈페이지 : http://cafe.daum.net/yob51
이메일 : 4615562@hanmail.net



* 책값은 뒤표지에 있습니다.
저자와의 협의에 의해 인지는 생략합니다.
잘못된 책은 교환해드립니다.

국립중앙도서관 출판시도서목록(CIP)
봄바람에 띄우는 편지 : 김복례 수필집 / [김복례 지음].
-- [서울] : 문학공원, 2013
p. ; cm. -- (문학공원 수필선 ; 18)
ISBN 978-89-6577-066-4 03810 : ₩10000
한국 현대 수필[韓國現代隨筆]
814.7-KDC5
895.745-DDC21 CIP2013002523